HAVANA

AIRTON ORTIZ

HAVANA

EDITORA RECORD
RIO DE JANEIRO • SÃO PAULO
2010

CIP-BRASIL. CATALOGAÇÃO-NA-FONTE
SINDICATO NACIONAL DOS EDITORES DE LIVROS, RJ
O89h
    Ortiz, Airton, 1954-
      Havana / Airton Ortiz. - Rio de Janeiro : Record, 2010.
      il. - (Expedições urbanas)

      ISBN 978-85-01-09111-6

      1. Ortiz, Airton, 1954- - Viagens - Havana (Cuba).
    2. Havana (Cuba) - Descrições e viagens. 3. Havana (Cuba)
    - Usos e costumes. I. Título. II. Série.

10-4458   CDD: 869.98
                                                      CDU: 821.134.3(81)-8

Copyright © 2010, Airton Ortiz
Capa: Marcelo Martinez_Laboratório Secreto

Texto revisado segundo o novo Acordo Ortográfico da Língua Portuguesa.

Composição de miolo: Abreu's System

Direitos exclusivos desta edição reservados pela
EDITORA RECORD LTDA.
Rua Argentina 171 - Rio de Janeiro, RJ - 20921-380 - Tel: 2585-2000

Impresso no Brasil

ISBN 978-85-01-09111-6

PEDIDOS PELO REEMBOLSO POSTAL
Caixa Postal 23.052 - Rio de Janeiro, RJ - 20922-970

"There is nowhere in the world like Habana"
Guia de viagens *Lonely Planet*

*"Se você é capaz de tremer de indignação
a cada vez que se comete
uma injustiça no mundo,
então somos companheiros."*

Che Guevara

Ao sofrido povo cubano, único herói destas crônicas.

Sumário

1. Malecón 13
2. Museo del Automóvil 22
3. Prado 25
4. Hotel Lido 31
5. Gran Teatro de La Habana 37
6. Kid Chocolate 41
7. Museo de la Ciudad 44
8. Restaurante Oasis 49
9. Plaza de Armas 54
10. Parque de los Enamorados 58
11. Callejón de Hamel 64
12. Parque Mártires del 71 69
13. Edifício Bacardí 74
14. Plaza 13 de Marzo 78
15. Hotel Ambos Mundos 84
16. Estación Central de Ferrocarriles 87
17. Monumento a las Víctimas del Maine 90
18. Fundación Destilera Havana Club 94
19. El Capitolio Nacional 98
20. El Floridita 101
21. US Interest section building 106
22. Hotel Sevilla 109

23.	El Hurón Azul	113
24.	Hotel Nacional	116
25.	La Bodeguita del Medio	119
26.	Parque de la Fraternidad	122
27.	Bulevar de Obispo	126
28.	Pavillón Granma	129
29.	Bar Restaurante La Lluvia de Oro	133
30.	Museo Nacional de Bellas Artes	138
31.	Hotel Lincoln	140
32.	Asociación Cultural Yoruba de Cuba	144
33.	Museo de la Revolución	147
34.	Tropicana	154
35.	O barbeiro de Havana	160
36.	Hotel Habana Libre	165
37.	Calle de los Mercaderes	169
38.	Centro Habana	171
39.	Casa Particular	176
40.	Organopónico Plaza	181
41.	Plaza de la Revolución	184
42.	Real Fábrica de Tabacos Partagás	187
43.	Playas del Este	192
44.	Hospital Nacional Hermanos Ameijeiras	198
45.	Vedado	202
46.	Universidad de La Habana	207
47.	Paladar La Guarida	209
48.	Casa de las Américas	212
49.	Teatro Fausto	215
50.	Habana Vieja	218
51.	Livraria La Internacional	224
52.	Cabaret Nacional	226
53.	Necrópolis Cristóbal Colón	229
54.	Jazz Club La Zorra y El Cuervo	232
55.	Plaza Vieja	235

1

Malecón

Nem dia, nem noite. Para ver sem tocar, como certas mulheres: assim é o crepúsculo havanês. O sol desce em direção às águas azuis do Caribe na maior exibição. Não há uma única nuvem, assim ele pode mostrar-se por inteiro; um círculo branco recortado no céu laranja-amarelado. No lado de cá do Malecón, os edifícios refletem Oxum. Obra do Mestre.

Quando o sol bate no mar, fica amarelo-fogo. Molha-se nas ondas crespas e se torna vermelho. Perde a metade do tamanho, perde mais um pouco, some de vez. O horizonte permanece dourado por alguns minutos e a luz flui para o outro lado do planeta, arrastada pelo sol, que leva o calor. A capital escurece. Acaba o show vespertino. Deus se recolhe, abrindo espaço aos orixás. Os homens e as mulheres ficam livres da ira divina, os pecados estão liberados.

Entre a avenida Maceo, no lado da cidade, e os corais, na orla, o calçadão, protegido pelo Malecón — muralha que virou símbolo de Havana —, foi se esvaziando de turistas. Eles desmontaram os tripés armados sobre o muro, conferiram algumas fotos no visor das câmeras e voltaram para o ar-condicionado dos hotéis. Felizes. Entretidos em fotografar, alguns nem viram o pôr do sol. Preferiam admirá-lo nas imagens digitais.

Algumas luzes, pingando de postes rarefeitos, na calçada oposta ao Malecón, se acenderam, realçando a penumbra. Mal iluminado, o local ficou deserto; apenas as sombras das mariposas se moviam.

Mas não por muito tempo.

Os moradores da vizinhança, alguns de mais longe, começaram a chegar. A pé ou em Cadillacs coloridos, substituíam os estrangeiros. O Malecón virou banco, nas partes baixas, e parapeito, nas partes altas, para a maior atividade de lazer dos havaneses: bater papo, fumar charuto, beber rum ou tocar jazz, salsa e rumba. Ou namorar, o que eles sabem fazer com sedução.

Corroídas pelo sal, as pedras emprestam um toque romântico ao muro realçado pelos casais — ele é largo o suficiente para diversas atividades, todas prazerosas. Os cubanos, e as cubanas, sabem como ninguém tirar proveito disso. E como, eu logo veria!

Sentei no Malecón, em frente ao Castillo de San Salvador de La Punta, e fiquei admirando o farol. Do alto do Castillo de los Tres Santos Reyes Magnos del Morro, à minha esquerda, no outro lado da baía de Havana, ele sinaliza a entrada do porto.

A luz piscava, dourada, a intervalos regulares, estranha linguagem há séculos decodificada pelos marinheiros, e que tanto me fascina. Imagino a alegria dos marujos ao sentirem o vento enfunar as velas em direção à terra; sonho com as futuras naves viajando pelos céus movidas pela luz solar. Todos nós à procura de um porto alegre.

As ruas começaram a despejar gente no Malecón: músicos, vendedores de amendoim, namorados, crianças, homens em grupos, homens sozinhos, mulheres em grupos, mulheres sozinhas, casais, famílias inteiras, pescadores, prostitutas, uns poucos turistas, um que outro policial fardado.

Pernas balançando no ar, esperei o show noturno. Ali, junto de mim. Tirei da mochila a garrafa de rum e tomei um gole. Quente. Ahr! Precisava acostumar, não iria misturar água congelada nessa preciosidade. Em Havana, beba como os havaneses. É. Não fumo, mas não pude resistir a um charuto.

Estava entretido. A brisa do Pacífico refrescou a noite, eu bebia e fumava o melhor. Chegara à cidade havia dois dias, tudo era novidade.

Hã?

De onde saiu a mulher? Ela se materializou à minha frente como por encanto. Calçava sandálias de salto. As meias, baixinhas, também eram brancas, assim como a minissaia, o bustiê e o lenço em volta da cabeça. Alta, o sorriso deixava à mostra dentes alvos, um deles de ouro. Perguntou se podia me fazer companhia. Como dizer não a uma negra tão bonita? Bem, negra não é o melhor adjetivo; ela estava mais para o marrom. Isso, marrom. A pele era marrom opaco. Perfeita. Nunca acreditei em deusas; precisava reconsiderar meus conceitos.

Um gracioso impulso e ali estava ela, sentada no Malecón, ao meu lado. Pertinho. Senti o perfume. Barato. A minissaia subiu, apareceu a calcinha branca. Minúscula, quase não se via. Ai, ai! Ela nem se recompôs, apenas pediu um trago. Passei a garrafa e ela, antes de beber, derramou um pouco no chão. Reclamei, o rum havia me custado doze pesos convertíveis. Ela disse que era para Oxum; a linda era Filha de Oxum.

Falou com orgulho. Mostrou os colares nos tornozelos, nos pulsos e em volta do pescoço, todos amarelos. Dezenas deles. Sem contar os brincos. Amarelos como os prédios da cidade quando ficaram banhados pelos últimos raios de sol. Filha de Oxum, hein! Eu estava em Cuba, e esse era outro conceito para ser revisto.

Pediu o charuto. Ficou assim: bebendo rum e fumando em silêncio. Degustava o prazer, dava para sentir. Ela tinha uma ligação espiritual com a bebida e o tabaco. Senti-me descartado. Droga. Quem ela pensava que era? O rum e o charuto eram meus. Não os havia comprado para oferendas, minha relação com Oxum era apenas de vista.

O movimento havia aumentado, o Malecón estava repleto de pessoas, algumas sentadas, outras escoradas, a maioria caminhava. Andavam nos dois sentidos. Parecia que a cidade havia marcado um encontro junto ao muro.

A Filha de Oxum perguntou aonde iríamos. Saíra do transe, de súbito. Assim, sem mais nem menos. O cheiro do rum, o Malecón, a fumaça do charuto, o calor, a calcinha branca haviam nos envolvido. Podíamos pular alguns capítulos. Que tal sairmos dali?

Como assim aonde iríamos?

Segundo a bela, poderíamos ir para o meu hotel. Onde estava hospedado? Era ali perto? Estávamos numa área repleta de hotéis, dos mais sofisticados ao Lido, onde me encontrava.

Não, querida, não iríamos para o meu hotel. Havia um porteiro mal-encarado, um negro forte, por certo para impedir os estrangeiros de levarem garotas para o quarto. Chinas, como se dizia no interior do Rio Grande do Sul. Lá nos cafundós, onde me criei, as putas eram chamadas de china. E viviam no chinaredo. Em Porto Alegre chamavam de Zona, hoje chamam de boate; e elas são garotas de programa.

Em Cuba não é muito diferente, pelo que parece. A Filha de Oxum conhecia todos os porteiros da cidade, e bastavam

20 dólares para qualquer um deles deixá-la subir com algum hóspede. Afinal, os gringos estavam em Havana para quê? Sempre fora assim, e sempre será. Havana é Havana, explicou sorrindo, a malícia da sedução estampada no rosto. Um convite. Quem resiste? Pra que resistir?

Que tal entrar em meu hotel acompanhado pela extravagante Filha de Oxum?

Havia um grupo de rapazes belgas hospedados no Lido. Eram portadores de alguma necessidade especial e, fora as visitas à clínica médica, se limitavam a ficar no saguão, distraindo-se com quem entrava e saía. Seria divertido ver as caras de espanto, algo que eles não conseguiam disfarçar.

Ah, se eu não quisesse me expor — a deusa lia pensamentos, outra novidade que deveria aprender com as cubanas —, poderíamos nos hospedar numa casa particular. É, isso mesmo.

Ela expunha as cartas — por certo as tinha em quantidade — e examinava minhas reações. As ondas batiam nos corais abaixo do Malecón, as águas subiam e desciam. O Pacífico estava agitado. A maré crescia, tudo se avolumava. A brisa parecia mais quente do que no início da noite, ao meu lado um casal trocava beijos. Ardentes.

Uma casa particular?

Ela conhecia muitas, todas ali perto. Custavam um pouco mais caro, 30 dólares, porque a família precisava sair para ficarmos à vontade. As casas são pequenas, eu deveria entender. Além do mais, o que são 30 *fulas* para um estrangeiro?

A Filha de Oxum colocou a mão sobre a minha perna, entre o joelho e a barra da bermuda. Sorriu, e o dente de ouro faiscou na penumbra. Cruzou as pernas, deixando as coxas de fora. Enquanto me acariciava, falou que precisava de 100 dólares.

Fiquei esperando ela dizer que tinha a mãe doente, um filho no hospital, era responsável pelos remédios da avó. Nada. Queria 100 dólares, e pronto. Gostei da linguagem: direta. Não gosto de floreios nesse tipo de negociação. Pau, pau; queijo, queijo.

Cem dólares, hein? Que danada! Por isso elas preferem os gringos. Com os cubanos ganhariam muito pouco. Aliás, tenho certeza de que para os cubanos elas dão de graça. Melhor: tiram dinheiro dos turistas e repartem com seus homens, com quem transam por tesão e não pela sobrevivência.

Reclamei, era muito dinheiro. Ela riu, adorava rir; sabia do encanto que o riso provocava. Para um estrangeiro, cem *fulas* não é dinheiro. Ela expeliu uma baforada do charuto, tomou outro gole de rum, e descruzou as pernas. Estávamos nos entendendo.

A tentação se virou para mim e, num gesto gracioso, levantou as pernas e as estendeu sobre o Malecón, bem juntinhas uma da outra. Inclinou o corpo para trás, apoiou-se no muro com a mão esquerda, atirou a cabeça para um lado. Os seios, volumosos, sobraram no pequeno sutiã. Sorriu. Meu Deus! Ou será minha deusa?

Encolheu as pernas, enfiou a mão direita entre os joelhos, o suficiente para deixá-los levemente abertos. A calcinha branca, minúscula, fazia um belo contraste com a pele achocolatada; a luz amarelecida favorecia a imaginação.

É, valia o cenzinho.

Um navio apitou. Deslizava em direção ao porto. Além da baía, um tiro de canhão ecoou a partir de San Carlos de La Cabaña: eram oito e meia da noite. Nos séculos passados o aviso indicava que a cidade estava fechada, o barco que tentasse entrar seria considerado hostil pelos canhões das fortalezas que protegiam a capital espanhola no Novo Mundo. Os piratas ao largo pernoitariam longe das mulheres, do rum e dos charutos. Os navios não respeitam mais o aviso do canhão, mas a tradição foi mantida. Os turistas adoram. A Filha de Oxum ficou ansiosa, me pareceu que tinha pressa. Teria sido o canhonaço algum aviso? Algum sinal aos modernos piratas que aportam na ilha em busca dos antigos prazeres? Ela desejava saber, e logo, o que eu faria aquela noite. Eu não pretendia fazer nada. Ou melhor, estava fazendo o que havia planejado: sentar no Malecón, curtir o clima da cidade, beber um trago de rum e fumar um puro.

Sim, conversar com alguém, isso eu também gostava, por isso conversávamos. Conhecer as pessoas é o mais importante em qualquer viagem; ela era bem-vinda. Será que não havia notado? Minha reação fora tão reticente aos encantos dela? Precisava me recompor, ou ela acabaria pensando mal de mim.

Ela insistiu para irmos ao hotel, ou para uma casa particular. Por que eu não desejaria ficar com ela? Falta de dinheiro não era: o charuto havia me custado caro, e eu o queimava. Como pode um homem sozinho numa cidade, com dinheiro no bolso e uma noite inteira pela frente, não querer se divertir, aproveitar a vida? Ainda mais eu, que, dava para ver pelo cabelo grisalho, não tinha uma eternidade pela frente. Tinha algum problema de saúde? Estava em Cuba por recomendação médica? Não gostava de mulher? O que havia de errado comigo?

A serpente que havia nela, mais do que Oxum, estendia a fruta. Por quanto tempo Adão resistiu? Eva nem era lá essas coisas. Deus aprimorou a forma mais tarde, atingiu o máximo da criação nos trópicos, ajudado pela profusão das cores da natureza. Ela tinha razão. Por que perder tempo?

O sorriso da bela desapareceu. Mostrou, com um sinal, um carro que acabava de estacionar no outro lado da avenida. Era da polícia, e estavam de olho nela. Desceu do muro, devolveu a garrafa e pediu o charuto. Pelo menos o charuto. Alcancei, com prazer. Ela deu uma tragada, olhou os policiais vindo em nossa direção e saiu provocante. Virou-se uma última vez, agradeceu ao *papito*, rebolou a bunda e sumiu em meio aos transeuntes. Outro dom desta Filha de Oxum: aparecer e desaparecer. Como os orixás.

Um dos guardas se aproximou, queria saber se eu estava sendo molestado. Respondi que não, e ele disse que, se precisasse, estariam pelas redondezas. Como saberia quem era da polícia se estavam à paisana? As *jineteras* sabem, ele explicou.

Jineteras?

Mulheres ou homens — no caso masculino, *jineteros* — que se aproximam dos turistas a pretexto de servirem de guia e como bons ginetes acabam por conduzi-los à prostituição, negócio mais rentável. Que me cuidasse com elas. Muitas ficavam violentas quando bêbadas, algumas escondiam uma navalha. E não esquecesse: prostituição é proibida em Cuba.

Vendo a garrafa o sujeito parou de falar, desarmou a carranca e sorriu. Observou que era dos bons. Ofereci um trago. Senti uma faísca de desejo no olhar dele, mas recusou. Voltou para o Lada, deu a partida e se foram.

Jineteros.

Conheço bem o tipo, são comuns nas economias periféricas do mundo, em especial nas cidades asiáticas e latinas, onde o emprego formal não absorve a mão de obra disponível. Em Bombaim, Saigon ou Fortaleza, os populares *street guides*, de ambos os sexos, oferecem, além de informações e serviço de intérprete, o velho e bom sexo. Uma vez, no

Camboja, um argentino me perguntou se era verdade que no Rio de Janeiro as brasileiras abordavam os turistas na rua e os convidavam para *hacer amor*, como faziam com ele em Pnon Pen.

Lembrei de algo que lera quando preparava a viagem: "A única coisa que Fidel Castro não conseguiu racionar em Cuba foi a prostituição." O Comandante que me perdoe, preciso incluir Havana nesse grupo. Colocarei no lugar das cidades africanas, que perderam o atrativo. A epidemia de aids no continente afastou os gringos do turismo sexual na África.

A filha de Oxum era uma *jinetera*. Gostei. Sacanagem com nome próprio. Gosto da criatividade popular, enriquece o vernáculo; embora os puritanos torçam o nariz. Preconceitos à parte — as palavras existem para ser usadas —, a putaria, para ficarmos no tema, deve ter recriado mais vocábulos do que Shakespeare, Cervantes e Camões. Juntos. A língua agradece. Com prazer.

Um cara sentou ao meu lado e começou a tocar. Jazz de primeira qualidade. Tomei um gole e a bebida acabou. Sem rum, sem charuto, sem a Filha de Oxum e sua calcinha branca... Uma noite que prometia acabou com a chegada da polícia. Como sempre. Que desfecho inglório para um homem sozinho em Havana. Dei uma moeda ao músico, ele agradeceu com os olhos. Com os olhos esbugalhados dos tocadores de trompete.

Como os outros turistas, só que um pouco mais tarde, voltei para o hotel. Condenado ao prazer solitário. Será que escondia uma navalha no sutiã? Quem sabe na calcinha? Deveria ser minúscula. Havia muitos segredos para serem desbravados em Havana. E o melhor: a aventura apenas começava.

2

Museo del Automóvil

A MELHOR MANEIRA é encarar logo. Sem meios-termos. Como os cubanos não fazem a sesta, o conveniente descanso na hora mais quente do dia, tradicional na Espanha e nos países hispano-americanos, precisava me adaptar. Simples assim.

Não descobri por que eles seguem o horário comercial dos Estados Unidos, a jornada única das nove da manhã às cinco da tarde. Como não param durante o almoço, pareceu-me que, mesmo em Havana, tempo é dinheiro.

No verão, o melhor período para caminhar é até as nove da manhã e depois das cinco da tarde. Entre onze horas da manhã e três da tarde o calor é insuportável. O sol queima, a umidade do Pacífico deixa o ar pegajoso, as roupas grudam no corpo; mesmo que se vista camiseta regata e se calcem sandálias. O boné, embora protegesse do sol, me deixava de cabeça quente.

Para não fugir dos costumes, almoçava cedo e visitava os museus nesse horário. Os prédios eram arejados, a maioria antigos palacetes restaurados. Alguns tinham ar-condicionado. Depois de me refrescar, escolhia uma praça e lia os jornais. Até reiniciar as longas caminhadas.

Dentre as dezenas de museus existentes em Havana, um dos mais divertidos é o pequeno museu do automóvel. Pequeno em todos os sentidos: Cuba tem 23 carros por mil habitantes, os Estados Unidos têm 815. Talvez seja essa mais uma estratégia do sonho norte-americano: sufocar Cuba nem que seja com dióxido de carbono.

Em 1898, a cidade recebeu o primeiro coche, um Parisienne movido a benzina. Atingia uma velocidade próxima a 10 quilômetros por hora. Seis meses após chegou um Rochet-Schneider, com oito cavalos de força e capaz de chegar a 30 quilômetros por hora. Depois vieram um Panhard Levasor e alguns White à gasolina fabricados nos Estados Unidos. Logo foi criado o Automóvil Club de La Habana.

As primeiras corridas eram acontecimentos sociais. Os pilotos homenageavam as damas da alta sociedade levando-as consigo nas provas. O máximo! Os grã-finos adoravam. Lá pelas tantas, um sujeito não tão cavalheiro decidiu correr sozinho, e ganhou folgado! Todas. Até que se deram conta. E acabou o glamour.

Esses carros não existem mais, já se foram, mas Thunderbird, Pontiac, Ford Modelo A, Ford Modelo T, Oldsmobile e tantos outros modelos estão expostos no museu, alguns mais bem conservados que muitos que desfilam pelas ruas. Dava gosto vê-los.

Não sou ligado em carros, mas foi impossível ignorar o charme dos cupês, dos conversíveis, dos bancos estofados e das linhas sinuosas de cada automóvel. Podia-se comprovar a máxima de Henry Ford: "O cliente pode escolher qualquer cor desde que seja preta." Estavam ali, brilhando, prontos para se tornarem ídolos dos filmes preto e branco.

Entre eles, o sedã que pertenceu a Al Capone e outros carros dirigidos pelos asseclas do gângster norte-americano. Coisa de cinema.

Há também o Cadillac utilizado por Che Guevara na época em que o argentino, como membro do governo revolucionário, comandou o Banco Central de Cuba. Era proibido, mas passei a mão no banco de trás. Nossa! De arrepiar. O guerrilheiro que havia se tornado banqueiro sentava ali e mandava o chofer se dirigir para a sede do banco, no centro da cidade.

Que contraste. Lado a lado, Al Capone e Che Guevara. A causa e o efeito.

O prédio fica numa rua exclusiva para pedestres e tão logo voltei à avenida, com seus carros tão antigos quanto os que eu acabava de ver, me pareceu que regressava ao museu. Mais do que os automóveis, o que me impressionou em Havana foram os mecânicos. Como os faziam andar tantas décadas depois de fabricados? Alguns estavam malconservados, porém a maioria deles parecia recém-saída da fábrica, tal o esmero com que eram cuidados.

Al Capone se orgulharia de andar neles. Che, não sei. O argentino não se contentava com nada.

3

Prado

A PRIMEIRA NOITE em Havana é para não esquecer. Haveria muitas noitadas, cada qual mais instigante, mas nenhuma delas seria como a primeira. As cidades nunca se repetem, eu sei, mas a emoção de pisar numa calçada estranha vai além da simples novidade.

Queria dar uma caminhada, tirar o avião do corpo. A iluminação das ruas era simbólica. O país racionava energia, a capital estava às escuras. Ouvi mais tarde, numa transmissão da rádio Rebelde, que se a população economizasse luz e o consumo não ultrapassasse o nível do ano anterior não haveria racionamento. Pela escuridão da cidade, o povo levava a recomendação do governo a sério. Os namorados agradeciam.

Alguns passos e estava no Paseo de Martí. Concluído lá pela metade dos anos 1830, a alameda é conhecida pelos havaneses como Prado. Arborizada, seu calçadão, ladeado por duas ruas movimentadas, é um dos tradicionais pontos de encontro dos havaneses. Liga o Parque Central, pouco abaixo do Capitólio, ao Malecón, lá embaixo, na beira do mar.

Apesar da escuridão — quase não se via as pessoas —, os bancos estavam cheios. Namoravam, supus. Outros caminhavam, alguns conversavam parados. Um rapaz perguntou se eu queria uma *chica*. Perguntou e se foi, sem esperar a resposta. Que nem cheguei a dar. Outro ofereceu tabaco. Esse insistiu, queria me vender um Cohiba a preço de ocasião; mas o deixei para trás. Um baixote tocava saxofone. Por distração, pois estava de costas para os transeuntes. Cada tipo.

Adoro isso, as almas características de cada cidade.

Na esquina do Prado com a Neptuno há um restaurante. Estava aberto. Entrei. Além das mesas, havia um longo balcão. Bar estilo norte-americano, da época em que Ernest Hemingway perambulava em busca do melhor daiquiri, do melhor mojito; ou da mulata mais gostosa.

Sentei num dos bancos e pedi o cardápio. Gosto disso: ficar sentado junto ao balcão. Se não tem banco, fico em pé; mas adoro balcão. Deve ser algum trauma de infância. Sei lá. Caso eu ganhe sozinho na mega-sena, pago algumas sessões com um bom terapeuta e descubro a origem dessa mania.

Não sabia o que beber, mas a escolha foi imediata, o primeiro drinque da lista: cuba-libre. Eu, em Havana, escorado no balcão, tomando cuba-libre. Não é o máximo? Dane-se o mundo. Danem-se as ideologias. Danem-se os governos. Viva a cuba-libre! Não, não falei, só pensei. Calma. Sóbrio, nunca faço bobagem.

O sonho de uma Cuba livre, acalentado desde a época do descobrimento, acabou em drinque. Pior: um drinque inventado pelos soldados norte-americanos enviados à ilha para expulsar os espanhóis e tomar posse da terra para o Tio Sam. Substituía o café, naquela época em falta. Isso vim a saber nesta viagem, porém minha relação com a bebida é antiga.

Melhor: com a versão rústica. Ou abrasileirada. Seria isso?

Criei-me numa área rural, onde os municípios de Rio Pardo, Cachoeira do Sul e Candelária se encontram. Amigos mais velhos, frequentadores do armazém do meu pai, bebiam Coca-Cola com cachaça, e chamavam de samba. Uma vez, sem cachaça, um deles tomou um porre de Coca-Cola com álcool. Errou o caminho da casa e dormiu na sarjeta. Como Hemingway, numa noite em que se perdeu ao voltar para o hotel.

Estudantes na cidade, bebíamos Coca-Cola com vodca e gelo em cubo. Na maloca, assim as minhas tias chamavam a zona do meretrício, bastava se aproximar de uma prostituta para ouvir o tradicional "Paga uma cuba, beiêêê?". Pagávamos. Uma, duas, várias. Elas bebiam Coca-Cola pura, e para cada dose que mandávamos o garçom servir, elas colocavam uma ficha no sutiã. Valia dinheiro, comissão das boas.

Na época da faculdade de jornalismo passei a tomar Coca-Cola com rum, gelo em cubo e limão, a tal cuba-libre. Ainda hoje é uma das minhas bebidas prediletas. No bar da minha casa sempre tenho Havana Club, Flor de Caña, Bacardi e Montilla, aquele com o pirata no rótulo. O rum é a bebida mais fácil de produzir, existia em qualquer porto; assim ficou associado aos piratas.

Gosto de rum, dá para ver. Estava na ilha certa.

Na Nicarágua, onde se fabrica o Flor de Caña, um dos melhores runs do mundo, bebi nica-libre, a versão sandinista do famoso drinque cubano. O Flor de Caña é um destilado mais forte e a versão envelhecida em barris de carvalho fez dele um dos maiores ganhadores de prêmios do mundo.

No Prado y Neptuno, como em toda Havana, a cuba-libre é servida com *Tu-Kola* — a versão socialista da Coca-Cola —, limão, gelo em cubo e rum Añejo Blanco, mais leve e com menos tempo de maturação. Transparente e brilhante, com aroma suave e açucarado, ele tem notas de baunilha e caramelo. Ligeiramente mentolado, o Añejo Blanco tem sabor delicado e equilibrado, destacando a suavidade. Utilizado na coquetelaria.

Segundo o fabricante, "*Havana Club Añejo Blanco refleja la maestría cubana para elaborar rones blancos y ligeros. El término 'añejo' se refiere al proceso natural de envejecimiento, común a todos los rones Havana Club*".

Dispensei o canudinho. Estou acostumado a beber direto no copo. Tomar um trago de canudinho? Eu, hein! Sai pra lá, coisa ruim! Sou do interior do Rio Grande! Bah, tchê! Fugi um pouco da tradição local, mas é assim que gosto. Fica bueno barbaridade. Côsa de loco!

Era noite alta, voltaria para o hotel de madrugada, mas tanto fazia. Em Havana, sempre tem alguém nas ruas e gosto de sentir a brisa do Pacífico bater no Malecón e subir o Prado. A alameda, semiescura, abre espaço entre as árvores para as estrelas. No céu e na terra. Uma caminhada entre o bar e o hotel, em tais horas, sempre traz alguma novidade, e isso é bom. O que seria da vida sem esses temperos?

Pedi outra dose, e sem canudinho. Seria o suficiente para criar uma versão verde-amarela da cuba-libre? Reforcei a gorjeta. Outra. Quando bebo fico generoso. Perdulário, até. Que tal uma, digamos, brazuca-libre? Talvez sim, talvez não. Gosto de meditar quando o copo começa a ficar vazio. Talvez, hein? Quem pode saber? Mais uma, por que não? Hein? Quem pode saber? Eu? Você? Aquele gringo? A garota de minissaia que não tira os olhos de mim? Será que ela deseja uma cuba-libre? O garçom? Ah, Xangô, você me desculpe, não vou dividir. Outra, por favor. Só mais uma, a saideira.

Bebi diversas cubas-libres e não consegui chegar a uma conclusão definitiva. Aliás, qual era mesmo a questão? Ah, sim, sem canudinho, por favor. Obrigado. Agora sim, a penúltima.

Voltei para a rua bem faceiro. O calçadão continuava cheio de gente, parecia que o movimento havia aumentado. Desci o Prado até o Malecón. A beira-mar estava agitada, homens e mulheres por todos os lados. Uma garota queria papo, mas não deu tempo: abordada por um policial, ela mostrou os documentos, foi liberada e caiu fora.

Respirei um pouco do ar fresco do Caribe, me acalmei; decidi regressar ao hotel. Subi o Prado. Estava escuro, não achei a rua lateral que me levaria ao Lido. Um pouco cansado. Ouvi uns gemidos femininos por trás dos tapumes que protegiam o Palacio de los Matrimonios, em restauração. Hum...

Espiei por uma fresta e vi uma branca transando com um cara tão preto que mal se percebia a silhueta. Podia imaginá-lo pelos movimentos dela. Estavam em pé, encostados na parede, dá-lhe que dá-lhe. Os suspiros de *yes, yes, yes* da gringa me despertaram, a cena me tirou o sono. Voltei ao Prado. Reanimado.

Sentei num banco e por ali fiquei, apreciando a vida. Como todos. Quer dizer: quase todos. Havia os que sabiam curtir melhor a escura noite do Prado. Relaxei. Àquela hora da madrugada, o que poderia fazer nesta cidade abençoada pela heresia? Acabar sozinho no hotel? Sentia-me impotente. Era isso.

O cara do sax sentou ao meu lado. Ofereceu um gole de rum. Tomamos. Tinha cheiro de querosene, mas estava bom. Outro sujeito se abancou. Ao ver a garrafa, se queixou; não se sentia bem desde que parara de beber. Havia quanto tempo? Umas duas horas. O saxofonista ofereceu um trago, aceito com prazer. Recomeçou a tocar, agora tinha dois ouvintes atentos. Jazz e rum. Nada ruim. Bebemos à nossa amizade. Muito.

Viva Pancho Vila. Viva a cuba-libre!

Hum?

4

Hotel Lido

MARIBEL PEDIU desculpas, mil desculpas; ficou encabulada. Mas as roupas de cama estavam sobre a mesa, assim, fui eu que troquei os lençóis, as fronhas e as toalhas. Joguei as peças sujas num canto e desfiz a mochila. A viagem fora cansativa, precisava espichar na cama; não pretendia esperar a camareira. Quando ela entrou, eu já estava acomodado.

Por conta disso, Maribel não ganhou gorjeta. Nem aquele dia, nem em qualquer outro. Mandei um presente para o casal de filhos, mais nada. Ela trabalhava doze horas por dia, seis dias por semana, e tinha uma paciência... Mas gostava era de conversar.

Ficava muda só quando um funcionário entrava, planilha na mão, para conferir os móveis, objetos e peças de cama. Tão logo a inspeção acabava, ela retomava a conversa. Quando me soube brasileiro, então... As telenovelas.

As telenovelas brasileiras!

Assistia a todas. São melhores do que as mexicanas. Muito melhores. As mexicanas e as venezuelanas são água com açúcar, mas as brasileiras parecem de verdade. Retratam a vida real, sabe como é? A vida real! Nua e crua, dá gosto ver.

E os lugares? Ah, que lugares lindos! Como o Rio de Janeiro é bonito! É assim mesmo? Como o Brasil é bonito! As roupas que os artistas usam! E os atores? Que maravilha!

Regina Duarte ela adora em especial. Ela e todos que conheci em Havana. Regina Duarte e toda a velha guarda, alguns que nem lembrava mais que um dia existiram. Bem, nem eram assim tão antigos, mas na tevê as coisas envelhecem rápido. E a gente esquece ligeiro. Pelo menos...

Maribel gosta também dos filmes brasileiros. Tão lindos, são melhores do que as películas norte-americanas. Adora o carnaval. As mulheres são muito bonitas, parecem as cubanas. Cuba tem carnaval, mas não chega aos pés do brasileiro. Os brasileiros são amigos de Cuba, Lula é amigo de Cuba. Se pudesse sair de Cuba, e se tivesse dinheiro, Maribel gostaria de conhecer o Brasil.

Ela machucou a perna e ficou alguns dias sem trabalhar. A substituta era seca. Limpava o quarto, o banheiro, trocava a roupa de cama e as toalhas, retirava o balde com água da sacada, a água que saía do aparelho de ar-condicionado; tudo em silêncio. Ô mulher grossa!

Não gostei dela logo de cara. Tinha uma aura pesada, o que se notava assim que ela cruzava a porta. Precisava duns passes, devia estar rodeada por maus espíritos. Era branca demais, talvez fosse esse o problema: não se identificava com os orixás, não tinha proteção alguma. Tem dessas coisas também. Que procurasse um centro espírita. Era o mínimo.

Quando o funcionário da conferência entrava para checar os itens no quarto, ela se retirava. Bastava a mal-humorada sair para o ambiente aliviar. O rapaz, com o uniforme azul e branco do hotel e seus colares vermelhos irradiava um pouco de luz, do tipo de luzes emitidas pelos filhos de Xangô.

Maribel voltou na segunda-feira, mas na terça precisou levar o filho ao médico, e também não foi ao trabalho. Senti falta. Ela dava um jeito de aparecer sempre que eu estava no quarto, na pura esperança de ganhar uma gorjeta. Nada de gorjetas, mas batíamos longos papos.

O Lido me surpreendeu. Reservado no Brasil, pela internet, não o imaginava tão confortável. Um moderno prédio de alvenaria, cinco andares, localizado a uma quadra do Prado, entre o Capitólio e o Malecón. Portaria 24 horas, bar no lóbi, um belo restaurante no terraço com vista sobre a cidade.

O quarto tinha duas camas de solteiro, guarda-roupa, cofre de parede (estava quebrado, mas algum dia deve ter funcionado), banheiro privativo, tevê a cabo, mesinha, cadeira e uma bela sacada, de onde eu podia observar as atividades dos moradores nos terraços dos edifícios em frente.

Um deles criava pombos. Colocava uma fêmea num alçapão e quando o macho se aproximava saltitante, peito estufado, caía preso. A artimanha é velha, mas funciona. Macho é macho, em qualquer espécie. Vê uma fêmea, cai logo. O cara tinha um grande pombal e trabalhava com uma máscara cirúrgica no rosto. Passava o dia limpando as gaiolas e alimentando as aves. E eu observava, da sacada do hotel.

Uma tarde ele fez sinal para eu descer e visitá-lo, o que fiz em seguida. Levei uma garrafa de rum, ele me ofereceu um charuto feito em casa. Bebemos, ele mais do que eu, e fumamos, ele muito mais do que eu, por um bom tempo. Conversamos, mas não muito. Em Havana as pessoas falam, mas não dizem nada.

A tevê passava um faroeste tão antigo que John Wayne interpretava o office boy do banco assaltado. Nos intervalos, os comerciais recomendavam aos telespectadores que não comprassem produtos não essenciais. A família assistia ao filme estirada em sofás puídos, na maior preguiça.

Juan Pedro morava com diversas pessoas, todas parentes. Algumas, parentes da ex-mulher. Não importava. O pessoal chegava do interior e, sem licença para se mudar para Havana, não ganhava casa nem trabalho. A quantidade de moradores em cada prédio é controlada, mas eles dão um jeito de driblar os fiscais e ficam por ali, vivendo de biscates. Juan Pedro, a esposa e os três filhos nem reclamavam, era a vida. Já tinha sido pior. Ficamos amigos.

Depois disso sempre conversávamos, aos gritos, ele lá, eu aqui, um de cada lado da rua. Ele vendia os pombos para as cerimônias religiosas, oferendas para os orixás. Ficou de me apresentar a um pai de santo, queria que eu participasse de uma sessão de descarrego, voltaria ao Brasil mais leve. Pelo jeito, ele conhecia todos os babalaôs da cidade.

O único inconveniente do Lido era o banho frio — por isso a tarifa barata —, mas não chegava a ser desconfortável. A temperatura beirava os 38 graus, a água escorria morna pelos canos. Enquanto estive no hotel, faltou água apenas uma vez, e por algumas horas. Maior problema era a internet, sempre fora do ar, o que me obrigava a utilizar o serviço em outros hotéis ou num cybercafé no Capitólio.

A diária custava 15 euros, a mais barata em Havana, e incluía o café da manhã. Isso permite a certos cubanos dividir o hotel com os estrangeiros, como alguns casais do interior em lua de mel. Às vezes os encontrava na hora do café, mas era raro. Passavam a maior parte do tempo nos quartos. Acho que por timidez.

O próprio gerente era recém-casado, e com uma brasileira. Ela viajou para Havana em janeiro, quando se conheceram. Voltou em maio e se casaram. Pediu-me para trazer uma carta para os familiares dela, em Minas Gerais. Colocando no correio no Brasil, ela chegaria mais rápido. No fim, demorei-me em Havana mais do que o previsto e ela esqueceu a tal correspondência.

Uma noite, ao chegar ao Lido, deparei-me com a maior confusão. Um senhor do grupo belga, que estava na cidade em tratamento médico numa clínica especializada em pacientes com necessidades especiais, tomou uma cerveja e caiu na escada. Estava mais tonto do que sempre me pareceu, e todos corriam em torno dele, num frenético abana daqui e dali. O gerente chamou uma ambulância e em questão de minutos uma sofisticada unidade de paramédicos chegou ao hotel e levou o europeu para o hospital.

Baixada a poeira, decidi fazer um lanche. Pedi um sanduíche de queijo, mas só tinham sanduíche de queijo e presunto. Por que não tiram o presunto? Porque na hora de prestar conta sobraria um sanduíche de queijo e faltaria um de queijo e presunto. Fazia sentido. Para ele. Para mim, não. Enfim.

O porteiro da noite, o tal negro-armário que eu imaginava estar ali para conter a prostituição, me perguntou se eu queria uma *chica*. Havia muitas jovens no bar e, pelo que me pareceu, eram *jineteras*. Como a maioria das cubanas, eram lindas; e como todas, usavam roupas sumárias. Podia escolher a que me agradasse. Pagaria 30 pesos convertíveis para ela e 10 para ele. A *chica* ficaria comigo o tempo que eu desejasse, desde que ela não chegasse atrasada ao serviço na manhã seguinte.

Desconversei, subi para o quarto e liguei a tevê, preferia uma companhia mais amena. A Telesur 1, estatal venezuelana, apresentava um discurso ao vivo de Hugo Chávez. A Telesur 2 apresentava a gravação de um discurso de Hugo

Chávez. A Cubavisión reprisava um antigo discurso de Fidel Castro. A Tele-Rebelde apresentava um discurso recente de Raúl Castro. O Canal Educativo 1 transmitia um documentário sobre a China. O Canal Educativo 2 estava em cadeia com a Telesur. A Multivisión estava fora do ar. A CNN, em espanhol, entrevistava Manuel Zelaya. A âncora, em Atlanta, queria saber se o presid...

5

Gran Teatro de La Habana

Não havia mais ingresso, que pena. Assistir ao The Royal Ballet, a primeira companhia de balé da Inglaterra, por 16 euros seria uma pechincha. A apresentação se daria no fim de semana e nada pude fazer. Não há câmbio negro nem cambista, essas facilidades do capitalismo que tanto simplificam a nossa vida preguiçosa.

Será que não passou pela cabeça de ninguém comprar umas entradas a mais e revender com ágio para os turistas recém-chegados? Estranho esse critério de que só pode comprar ingresso quem chegar primeiro. Esperar numa fila, como todo mundo? Ai, ai. Coisa de pobre. Que cidade sem ambição.

Pois então. Algumas pessoas tinham um documento especial. Apresentavam e os porteiros mandavam entrar por uma lateral. Outras, uma meia dúzia, conheciam uma senhora que imaginei fosse a administradora do teatro, ou uma autoridade qualquer, e entravam sem ingressos. Talvez fossem beneméritos locais, ou afilhados de burocratas influentes. Essas coisas que em Cuba valem mais do que dinheiro, e excluem os estrangeiros.

Restou postar-me em frente ao teatro, apreciar as pessoas chegarem emperiquitadas. Foi o que fiz. Deu gosto ver.

Embora a maioria dos cubanos se declare negro ou mulato, quase todo o público era branco. Contei. Doce vingança.

Bem. Nem tudo estava perdido. Colocaram um enorme telão diante das escadarias do Capitólio Nacional, onde se podia assistir às apresentações de graça. A notícia espalhou-se rápido e no dia seguinte eu estava lá, sentado ao lado da patuleia. Pena que o local não dava o status de se assistir ao balé no belo teatro. Parecer chique em Havana não é fácil.

O Gran Teatro de La Habana ostenta o título de mais antiga casa de espetáculos em atividade no Ocidente. O magnífico prédio neobarroco possui diversas salas, a García Lorca sendo a principal, com dois mil lugares, sede do Ballet Nacional de Cuba e da Ópera Nacional.

Semanas depois da passagem do balé britânico consegui assistir ao Ballet Nacional de Cuba. Que, dizem os mais entendidos, é o melhor de todos. Dessa vez comprei o ingresso com antecedência. Embora ele se apresente com frequência, os lugares são disputados, os cubanos adoram balé. Mas não dei mole: no dia da abertura da bilheteria era o primeiro da fila. Arre! Ainda bem que cheguei cedo, a lotação ficou logo completa. Os caras são fanáticos. No dia era velho, adulto, jovem, criança. Nossa! Vai gostar de balé assim lá em Cuba.

Não é para menos. Alicia Alonso tem a sua Escuela Nacional de Ballet poucas quadras abaixo, de onde saíram alguns dos melhores bailarinos da atualidade; para o balé cubano e outras companhias da Europa e dos Estados Unidos.

Alicia Ernestina de la Caridad del Cobre Martínez del Hoyo nasceu em Havana, em 1920, e se tornou conhecida como "Absoluta". Não apenas em Cuba, mas nos diversos países onde mostrou o seu talento artístico. O que marca sua trajetória não é apenas a montagem dos espetáculos bem-sucedidos, nem o desempenho sofisticado que a levou ao palco como primeira bailarina, coreógrafa ou diretora, mas o conjunto de sua obra.

O Ballet Nacional de Cuba, que ela fundou com o marido, Fernando Alonso, assim que retornaram dos Estados Unidos para Havana, há mais de 60 anos, tem sido o responsável pela identidade latino-americana na dança clássica, uma das principais metas da escola cubana de balé.

O reflexo dessa proposição não se nota apenas no palco, em questões subjetivas que estabelecem comunicação imediata entre espetáculo e espectador, mas também na técnica dos bailarinos. Em cada passo ou gesto está a afirmação de que a dança produzida na América Latina e no Caribe não precisa ser uma cópia da tradição russa ou europeia.

Em uma das noites mais quentes da temporada que passei em Havana assisti a *La Cenicienta*, balé em dois atos e quatro cenas. Dirigido por Alícia Alonso, tinha como primeiros bailarinos Joel Carreño, Anette Delgado, Bárbara García e Viengsay Valdés. Foi de arrasar. Deu até para esquecer o calor. Mesmo para quem mora em Porto Alegre, onde não há balé.

Cinderela é a única música de Johann Strauss composta para um balé, embora outras obras suas tenham sido usadas em criações coreográficas. A estreia de *Cinderela*, posterior à morte do músico, foi em Berlim, em 1901. Reprisado em 1908, na Ópera da Corte de Viena, teve uma vida curta.

Em 1988, o coreógrafo cubano Pedro Consuegra apresentou nova versão do balé, dessa vez na Ópera de Marselha, obtendo grande sucesso. Para o Ballet Nacional de Cuba ele revisou a coreografia, enriquecendo os aspectos técnicos e dramáticos. Essa versão estreou em Havana e não saiu mais de cartaz.

No intervalo do primeiro para o segundo ato fomos para o jardim interno do prédio nos refrescar um pouco. Havia diversos quiosques, e o pessoal mandou ver nos mojitos, daiquiris, cubas-libres, cubatos e Bucaneros, enquanto outros fumavam seus puros.

Após o término do espetáculo, Alicia "Absoluta" Alonso subiu ao palco, para delírio da plateia, das galerias e dos camarotes. Ela recebeu um buquê de flores de um dos bailarinos e ficamos um tempão aplaudindo. Todos de pé. A homenagem não podia ser menor do que ela merecia.

Gente fina esses cubanos. Pena que tenham acabado com os cambistas.

6

Kid Chocolate

"*T*RES MINUTOS *de peleia, uno de descanso*", explicou o rapaz ao meu lado.

Era época dos Jogos Escolares Nacionais, e as competições de boxe se davam na Sala Polivalente "Kid Chocolate" Eligio Sardinas, no Centro. Criadas por Fidel Castro tão logo a Revolução assumiu o poder, para incentivar o esporte, as competições estudantis costumam revelar futuros campeões olímpicos. São imperdíveis.

Juanito adorava boxe e até o final das lutas ficamos amigos, oportunidade para entender certas regras. Acho o esporte violento, não me atrai, mas Cuba tem os melhores pugilistas do mundo e muitos deles estavam ali, alguns sentados ao meu lado. Passei tardes agradáveis no ginásio e fiz boas amizades, entre elas compadre Juanito. Eu não tinha nada para fazer mesmo. Nem ele. Nem nenhum dos que estavam no Kid Chocolate.

Os caras são fanáticos e, além de ver, adoram comentar a performance dos atletas. As *peleias* eram estudantis, mas os garotos são conhecidos do público e tratados como estrelas. Os vencedores saíam nos braços do povo, os perdedores desciam chorando para o vestiário, consolados por treinadores irritados. Os atletas levam a sério essas competições, uma das poucas formas de ascensão social em Cuba. Seguem o exemplo do incansável Che: *Hasta la victoria, siempre!*

A torcida prefere o espetáculo.

A equipe nacional da França se preparava em Havana para o campeonato mundial. Treinava com os cubanos e no final realizaram uma série de lutas entre os boxeadores. E o melhor: de graça, como quase tudo em Cuba. Basta ser cubano. Ou estrangeiro cara de pau. Sério.

Entre eles havia diversos medalhistas olímpicos, as lutas prometiam; mas as reações dos torcedores e dos juízes foram mais interessantes. Interessantes, divertidas e inusitadas.

A torcida aplaudia os melhores golpes, fosse de quem fosse. Juanito vibrava com os diretos, me abraçava e começava a elogiar o pugilista. Cubano ou francês, isso era secundário. Olha só, compadre, o cara é bom, vamos incentivá-lo. Claro, vamos incentivá-lo, e dá-lhe palmas. Imaginava-me, no Maracanã, aplaudindo um belo gol de Maradona. Por ser belo, só isso. A beleza acima da competição. Vamos aplaudir, compadre.

Os juízes cubanos eram mais sensatos: na dúvida, veja só, davam a vitória aos compatriotas, e os torcedores reclamavam. Teve um caso em que a vitória do francês foi escandalosa, mas o júri apontou vencedor o cubano. A torcida se levantou em vaias quando saiu o resultado. Começou a gritar o nome do compadre europeu até ele voltar ao ringue para ser aplaudido.

Juanito estava furioso. Desceu as arquibancadas, postou-se ao lado da corda que isolava o público do local onde ficava o ringue, e se demorou aos berros. Gritava que o rapaz tinha ganhado a luta. Coisa doida. Os policiais por ali, e o povo a gritar. Como gritam os cubanos. Parecem querer colocar algo para fora.

Tu ganó, muchacho; tu ganó!, ele esbravejava, punho cerrado, no que era seguido pelos outros torcedores. Pensei que invadiriam a quadra, mas não. Limitaram-se ao protesto verbal. Depois voltaram aos lugares para aplaudir uma vitória cubana, essa sem contestação. O boxeador era bom, vamos incentivá-lo, compadre. E dá-lhe palmas. E no ringue, dá-lhe porrada. Dá-lhe, muchacho, gritava Juanito. Todos gritávamos. Porradas lá, palmas aqui.

Torcedores com mais juízo do que os juízes. Que país estranho.

7

Museo de la Ciudad

Eu não queria tanta informação, bastavam as escritas nos painéis ao lado das peças antigas, das esculturas, dos quadros e documentos. Mas ela insistia em me contar a história em detalhes, e isso atrasava a visita. Não que eu tivesse pressa, nada mais tinha para fazer naquela tarde. Menos ainda nas seguintes. Bem. O museu era grande, importante e reservei um bom tempo para conhecê-lo. Mas não precisava exagerar.

Gosto das pequenas descobertas, de montar o quebra-cabeça. Detenho-me em alguns aspectos, passo direto em outros. Meus critérios de interesse formam-se durante a visita, despertados por esta ou aquela curiosidade. A insistência da moça tinha um motivo, gorjeta, e isso me aborrecia ainda mais. Gorjeta, *propina*, *tip*. Seja lá como chamem, me irrita. A gente nunca sabe se dá, se não dá. E se dá, quanto dá? Tem dó.

Cristóvão Colombo, sempre ele, avistou Cuba em sua primeira viagem, embora na época pensasse que fosse parte da Ásia. Passaram-se alguns anos até os espertos espanhóis descobrirem que se tratava de uma ilha. Pánfilo de Narváez fundou La Vila de San Cristóbal de la Habana, na costa ocidental. O nome se deve a um chefe taíno. A cidade mudou de localização duas vezes devido a infestações de mosquitos, e apenas em 1519 estabeleceu-se em seu local definitivo.

A primeira missa foi rezada à sombra de uma grande ceiba, no lugar onde fica hoje a Plaza de Armas. Como os espanhóis precisavam salvar almas, para se justificar perante a coroa, criaram um sistema econômico de trocas conhecido por *encomienda*: os indígenas trabalhavam para os proprietários de terra em troca de lições de cristianismo.

A picaretagem não deu certo. Os que não tinham alma, e por isso não precisavam da salvação eterna, se vingaram na primeira oportunidade: uniram-se a corsários franceses e arrasaram o povoado. Em Madri, a coroa ficou furiosa, no que foi acompanhada pelo coroa e os demais nobres da corte.

A resistência não durou muito. As forças do Império prenderam os líderes, entre eles um cacique taíno conhecido por Hatuey — arquétipo da resistência cubana, considerado o primeiro guerrilheiro do país. Eles foram torturados, esquartejados e mortos. Os mais sortudos foram colocados na fogueira e queimados vivos.

Hatuey colocara ouro numa cesta para mostrar aos índios o deus que os espanhóis idolatravam, pelo qual feriam e matavam tanta gente. Na hora de ser queimado, um padre veio oferecer a extrema-unção, propondo a salvação eterna no céu junto ao Deus cristão. Hatuey perguntou se no céu havia espanhóis como ele. O sacerdote disse que sim e Hatuey respondeu que não queria nada com esse Deus que se deixava representar na terra por tão horríveis demônios.

Os indígenas foram levados para trabalhar nas minas, onde pouco duravam. Os que sobreviveram, morreram de varíola. Na metade do século XVI, existiam apenas cinco mil taínos em Cuba. Enfim, a civilização europeia triunfou e se estabeleceu em definitivo na ilha selvagem. Trouxeram então os escravos africanos.

Com a conquista dos impérios asteca e inca, Havana ganhou importância. Na entrada do golfo do México, o porto serviu de local onde as frotas se reuniam antes de partir para a Europa, carregadas de ouro, prata e todo tipo de pilhagem. Em 1556, a cidade passou a hospedar os capitães-gerais, autoridades que mandavam na colônia.

Em cada ala do museu a situação se repetia. As moças, que trabalhavam na segurança, tão logo me viam deixavam as cadeiras e me abordavam com as tradicionais perguntas. Parece que haviam combinado, todas queriam saber de que país eu era, se eu tinha horas. O truque é velho, mas funciona; não consigo ser grosseiro. Respondia em espanhol, o sotaque me traía, e começava o martírio: se ofereciam como guias.

Como não responder em espanhol se eu lia tudo que estava escrito? Outras se punham a despejar informações, detalhes que não faziam sentido a um estrangeiro, alguém que deseja apenas uma ideia geral da história da cidade. Havia as que, dissimuladas, prometiam mostrar salas que não estavam abertas à visitação.

Em cada nova sala eu perdia o fio da história.

Retomando. O museu está instalado no Palacio de los Capitanes Generales, um prédio barroco tão magnífico quanto o acervo exposto em seus dois andares. Cobre um quarteirão e rodeia o pátio cheio de árvores, estátuas e fontes d'água. Com grandes janelas e gigantescos candelabros, construído em 1776, no lado ocidental da Plaza de Armas, foi residência do governador espanhol até 1898.

Entre 1899 e 1902, o palácio serviu de sede aos governadores militares norte-americanos. Eu sabia que Cuba havia pertencido aos Estados Unidos?
Sim, eu sabia. Para decepção dela, eu sabia.
Bem, a partir de 1902 e até 1920, o palácio serviu de residência ao presidente da República de Cuba, quando foi transformado em sede do governo municipal. Desde 1968 hospeda o museu.
Tentei despistar a guia, queria voltar ao que me interessava, a história antiga da cidade. Ela insistiu, era difícil repeli-las sem parecer agressivo. As gorjetas poderiam dobrar o salário num único dia. Quando não conseguia dissuadi-las, preferia sair da sala, deixando a visita para depois. Mais constrangedor era aceitar a imposição e no final não dar os tão esperados pesos.
As caras de decepção eram deprimentes. Não entendiam por que um estrangeiro rico não podia dar algo que para ele nada significava, mas que para elas eram pequenas fortunas. Moeda forte, com a qual poderiam entrar numa loja e comprar produtos vendidos apenas em divisas, como detergentes e outros supérfluos. Mal sabia a chatonilda que para visitar os museus eu precisava substituir a janta por um magro sanduíche no bar do hotel Lido.
Voltemos. Em 1564, partiu de Havana a primeira grande frota em direção à Espanha. Seguida por um bando de navios piratas. Pelos próximos 200 anos, a cidade se tornou o mais agitado porto das Américas. Em 1592, a vila foi declarada cidade; em 1607, capital da colônia.
Para repelir os ataques piratas foram construídas fortalezas e uma muralha que a cercava totalmente. Deu certo com a pirataria, não com a esquadra britânica, que dominava os mares. Em 1762, eles conquistaram Havana, gover-

nando por onze meses, até que a ilha fosse trocada pela Flórida, então em poder da Espanha. Os espanhóis reforçaram as defesas de Havana, construindo a Fortaleza de San Carlos de la Cabaña, em *El Morro*, e ela se tornou a mais fortificada das cidades no Novo Mundo.

Em 1790, uma sangrenta rebelião de escravos no Haiti expulsou 30 mil colonos franceses. Abrigados em Cuba, introduziram novas lavouras de açúcar e café, e a economia se desenvolveu. Havana passou a exportar açúcar, rum, tabaco e café para outros países, gerando grande progresso. A presença dos imigrantes franceses enriqueceu também a cultura, em especial a música e a arquitetura.

Cuba se tornou o maior produtor mundial de açúcar; os Estados Unidos, seu maior cliente, a ponto de a população lançar uma campanha pela anexação da ilha. Que foi levada a sério, acredite! Thomas Jefferson foi o primeiro de quatro presidentes que tentaram comprar a colônia junto aos espanhóis.

Em 1837, chegou a ferrovia (onze anos antes da Espanha). Depois veio a iluminação pública a gás, o telégrafo, o transporte urbano, o telefone e a luz elétrica. Na virada do século, a cidade, que se manteve intacta durante as sangrentas guerras pela independência, tinha 250 mil habitantes.

O progresso aguçou a cobiça dos Estados Unidos. Que se mantém até os dias atuais. Os coroas que se sucedem na Casa Branca não tiram a ilha da cabeça, querem porque querem lhe salvar a alma, incutir as suas crenças nesse povo tão descrente. Cinco séculos depois de ser queimado vivo, Hatuey, se ainda vivesse na ilha, talvez fizesse aos capitalistas do novo Império a mesma pergunta que fizera ao padre espanhol.

Temo que as respostas fossem as mesmas.

8

Restaurante Oasis

Todos deveriam conhecer Teresita, filha de Iemanjá, uma fineza de mulher.

Explico:

No térreo do Centro Cultural Cubano Árabe há uma padaria e um restaurante especializado em culinária árabe. A partir das dez e meia da noite, o Oasis deixa de servir comida e se transforma numa danceteria, com música ao vivo. Fica no Prado, pertinho do Lido; a última cerveja antes de voltar ao hotel.

O Restaurante Oasis é frequentado tanto por cubanos quanto por estrangeiros, algo raro em Havana. Os nativos não têm pesos convertíveis para gastar em bebidas caras, os gringos torcem o nariz para os bares comuns, que aceitam moeda nacional. As bebidas e os quitutes não são bons. Mas no Oasis todos se misturam.

Assim:

Os *jineteros* levam as turistas para dançar, elas adoram o requebrado sensual deles; as *jineteras* tentam conquistar o seu turista, a última cartada. Só que elas, ao contrário deles, não podem entrar desacompanhadas. As garotas que não haviam caçado a presa da noite ficavam pela frente, esquivando-se da polícia nas sombras das marquises. Quando eu chegava pediam para entrar comigo, tentar a sorte lá dentro; talvez um canadense bêbado. Ou mesmo um *pepe*, a cidade estava cheia de espanhóis.

Eu estava de passagem, para tomar a saideira da noite, não queria ser importunado. Gosto de pensar na vida enquanto tomo uma cerveja gelada. Filosofia de bar, e daí? Filosofia é filosofia. Sempre, e em qualquer lugar. Beber ou não beber, essa não é mais a questão. Beber sempre, *hasta la victoria*. Tenho dito!

As meninas prometiam se comportar e eu acabava entrando com uma delas, que ia à luta atrás do seu gringo. Como isso acontecia todas as noites, estávamos íntimos — inclusive o leão de chácara, que deveria levar uma gorjeta quando elas se davam bem. Daí que fiz um rodízio: cada noite eu entrava com uma. Socialismo democrático. Para botar inveja no Comandante.

Estava funcionando, até Conchita, mulata de cabelo oxigenado, romper o acordo e pedir para ficar na mesa comigo. Mais: pediu que lhe pagasse uma cuba-libre. Para não ser grosseiro, concordei, e a deixei trabalhar a partir do meu território. Ela dava uma rebolada na pista de dança, mexia com um e outro, e voltava. O short, coladinho ao corpo, marcava a *papaya*.

Será que falava para os caras que eu era o cafetão? Talvez dissesse, para impor respeito. Às vezes, enquanto conversava nas outras mesas, apontava para mim. Quem sabe dizia que eu era o marido e que ela apanharia se não levasse dinheiro para casa? Vá saber! Quem entende essas filhas de Oxum, o orixá do amor? Estratégias à parte, ela não conquistou ninguém. E decidiu que eu seria a vítima. Foi direto ao assunto. Queria 50 pesos para ficar aquela noite comigo.

Pesos convertíveis ou pesos em moeda nacional? Ela riu, com deboche, da minha pergunta. Era linda, e sabia disso. Os colares amarelos combinavam com a pele acobreada. Os dentes combinavam com o short branco. O cinto vermelho homenageava Xangô, marido de Oxum. As pulseiras azuis lembravam que ela era assim, assim ó, com Iemanjá. Conchita era uma mulher sensual e poderosa, capaz de enfeitiçar qualquer homem.

Pesos convertíveis, ela disse. Pedi desculpas, não havia me acostumado com as duas moedas, e confundia o peso utilizado pelos cubanos, com o qual eles recebem os salários e fazem compras nas lojas estatais, e o peso utilizado pelos turistas, comprados nas casas de câmbio com moeda estrangeira.

Fiz as contas, rápido: 50 pesos, em moeda nacional, seriam dois dólares; em pesos convertíveis, 62,50 dólares. Era muito dinheiro. Ela falou que para um estrangeiro não era muito dinheiro. Danada. Eu já tinha ouvido aquilo. No Malecón, se não me engano. Elas acham que os estrangeiros têm um saco cheio de moedas de ouro. Basta tocar no ponto certo que elas saltam. Veja só. Eu, no momento, estava duro.

Expliquei que embora a taxa de câmbio fosse um dólar para cada peso convertível, eu pagava vinte por cento de imposto na hora da troca. Então, 50 pesos significavam 125 reais, na moeda do meu país, e isso era muito dinheiro, sim: mais de uma semana de trabalho de um operário que ganhasse salário mínimo. Ela queria faturar em poucas horas. Talvez, se eu brochasse, ganharia sem trabalhar. Àquelas alturas, tudo era possível, até o improvável.

Ah, eu havia trazido *fula* para Cuba? O ar zombeteiro me irritou. Claro que não havia trazido dólares, sabia do alto imposto, a forma que o governo havia encontrado para taxar as remessas de dinheiro enviadas pelos cubanos que vivem nos Estados Unidos, uma das principais fontes de divisas do país. Eu havia trazido euros, que tinham uma melhor taxa de conversão e pagavam "apenas" dez por cento de imposto na hora do câmbio. Foi a minha vez de ironizar.

Ela não gostou. Será que tinha uma navalha na calcinha? Elas usam, me disse um policial. Azar. Também não gostei, não foi isso o combinado. Fiquei chateado, e falei com todas as letras. Mesmo. Como toda boa puta, ela ficou agressiva. Fez cara feia e saiu rebolando. Pude me concentrar na Bucanero. A garrafa estava bem ali, na minha frente. Tinha 5,4 por cento de teor alcoólico, uma cerveja especial. Foi uma das tantas boas surpresas em Havana. Gosto de cerveja forte.

Conchita se foi, nem vi por onde.

Na noite seguinte fui logo avisando: não vou ajudar ninguém a entrar. Conchita havia se comportado mal, abusara da minha boa-fé. Além de não manter o combinado, fora mal-educada. Me senti desmoralizado como cafetão. A experiência havia sido curta e traumática. Não se faz isso. Não comigo. Não vim lá do Brasil para ser desrespeitado em Cuba. Aqui, ó! Virem-se.

Rebu total. As garotas ficaram indignadas, o porteiro deprimido. Resultado: expulsaram Conchita do ponto. Ela que fosse rebolar em outro oásis. Bem feito. Ela queria bancar a fina, mas não era. Não importa. A vaga logo será ocupada por outra.

Voltei a ajudar as *chicas* e elas ficaram cada vez mais íntimas. Amigas. Não sou de explorar ninguém. O leão de chácara gostava. Quanto mais *jineteras* lá dentro, maior a chance de ele faturar uma comissão. Os cubanos fazem qualquer coisa, menos assumir alguma responsabilidade. Devem estar escaldados. Tudo bem, eu protegia as meninas.

Certa noite, uma delas, a bela Teresita, morena de olhos verdes e cabelo bom, se deu bem. Dançava na frente do russo e ele, bêbado como poucas vezes vi alguém, se limitava a mexer os pés e rir. Se caísse, provocaria um estrondo, o sujeito tinha uns dois metros. Acho que mais. O tamanho do cara excitava a garota, ela queimava e o rosto do gringo parecia cada vez mais vermelho.

A namorada dele — pelo menos haviam chegado juntos e assim ficaram até um *jinetero* convidá-la para dançar — era quase do mesmo tamanho. A branquela cheia de sardas dançava com o negro mais retinto que vi na cidade. Todo de branco, enfiado em meio à saia preta, era gostoso de ver: o cara era dos bons. Metia a perna entre as pernas dela e rebolava os quadris de tal forma que temi pela compostura da russa. Ele sabia se controlar, mas ela deve ter se derretido ali mesmo. E mais de uma vez.

A banda, formada por oito mulheres — lindas, por sinal, em especial a cantora e a trompetista —, mandava salsas, rumbas, *sones* e mambos. A namorada do gringo sumira havia horas, ele estava sozinho com a minha amiga. Ela saracoteava e o russo babava. Dinheiro ganho fácil, ele deve ter passado a noite babando.

Quando fui pagar a conta, o garçom explicou que minha despesa havia sido debitada na mesa do ruivo. Ideia de Teresita, essa sim, mulher fina. Agradeci com um gesto, mas o cara só tinha olhos para a filha de Iemanjá.

Que oásis!

9

Plaza de Armas

O SUJEITO OLHAVA de uma maneira estranha, como se estivesse medindo os ângulos do meu rosto com uma régua invisível. Olhava e rabiscava alguma coisa no papel sobre a planilha. Assim: eu e ele caminhando lado a lado, poucos metros um do outro. Ih, rapaz, com tanto mulherão por aqui me surge logo esse carinha. O tipo era meio esquisito, me pareceu um pouco afeminado. Para ser elegante. No começo imaginei que fosse mulher, mas tinha as pernas finas demais para uma cubana. E não tinha bunda. É, não era mulher.

Parei em frente à estátua de Carlos Manuel de Céspedes, que dominava o centro da Plaza de Armas. Ele liderou o primeiro movimento de independência de Cuba, um latifundiário educado na Europa, que defendia os princípios liberais do Iluminismo.

A partir de seu engenho de açúcar, à frente de duzentos homens, Céspedes se levantou contra o governo espanhol, e proclamou a independência. Entre os primeiros atos, declarou livres os escravos que se unissem ao exército revolucionário. A medida teve como resultado imediato o aumento do seu efetivo para 12 mil homens. E a oposição dos demais latifundiários, que se viram privados da mão de obra.

Enquanto isso, a Espanha ampliava o contingente militar na ilha. Céspedes, mesmo auxiliado por Antonio Maceo e Máximo Gómez, outros dois heróis cubanos, foi derrotado e as tropas espanholas retomaram o controle da Colônia. Resultado: uma vez mais, nada de independência. O Império se mantinha intacto.

O rapaz se aproximou, sorrindo, e me estendeu a mão. Segurava um papel com minha caricatura. Disse que era para mim, e que eu desse alguns trocados. A caricatura era bonita, embora não tanto quanto o original, mas o preço era embaraçoso. Se fosse pagar o que achava que o desenho valia, ficaria uns dias sem comer. Ofereci dois pesos. Mas eu só tinha uma nota de cinco. Sem problemas, ele tinha troco.

Ficamos amigos. Voltei muitas vezes à Plaza de Armas enquanto estive na cidade e sempre encontrava Denis Baéz Rodriguez e seus desenhos. Eu gostava de ver as reações dos turistas quando o rapaz mostrava as caricaturas. A maioria achava graça, alguns comentavam com os amigos — turistas andam sempre em bando —, mas quase todos devolviam o papel.

Supremacia da cara de pau, alguns se faziam de desentendidos por não falar espanhol e ficavam com o desenho sem nada pagar ao garoto. Continuavam seus passeios, deixando o artista de rua deprimido e eu chateado. Às vezes. Outras vezes eu ficava indignado com a arrogância dos caras. Quem eles pensavam que eram? Uma vez saí atrás do sujeito e perguntei se ele não ia pagar.

Ah, tem que pagar? Se devolver o desenho, não, se ficar com ele é claro que precisa pagar. Quanto? Dez pesos. Não tenho moeda nacional. Não é moeda nacional, *my friend*, são dez C.U.C. Dez pesos convertíveis? Claro, o que são 10 pesos para um estrangeiro? O gorducho abriu a carteira, para felicidade geral, pois o *cubanito* dividiu a grana comigo. Como dois bons irmãos socialistas: 75 por cento pra ele, 25 por cento pra mim.

Denis queria que eu lhe conseguisse emprego num jornal brasileiro, adoraria trabalhar no exterior, onde pudesse ganhar dólares fazendo sua arte. E se fosse no Brasil, então, uau!, maravilha das maravilhas. Veja só. Comunista é muito ingênuo.

A Plaza de Armas foi o local das touradas, das festas e das execuções, centro político e social de Havana por séculos. Agora o charme fica por conta de uma feira de livros usados, ideal para adquirir algumas preciosidades da indústria editorial cubana, em especial obras sobre a magnífica arquitetura da cidade.

Ah, e tudo que foi escrito por, ou sobre, Fidel Castro, Che Guevara, Raúl Castro e Camilo Cienfuegos, os quatro maiores comandantes do Exército Rebelde. Estavam em todas as bancas, sorridentes: Fidel e Raúl de quepe militar, Che de boina e Camilo com o chapéu de vaqueiro. Capas de livros, pôsteres, camisetas, cartões-postais, pinturas, fotografias, caricaturas... e a turistada dê-lhe a comprar. Os líderes comunistas nunca incentivaram tanto o consumo.

Em volta da Plaza de Armas ficam alguns dos prédios mais interessantes da cidade, que mereciam demorada visita.

O Palacio del Segundo Cabo, outra construção barroca, antiga sede do vice-governador espanhol e mais tarde da Suprema Corte, abriga o Instituto Cubano del Libro, diversas livrarias e a galeria Raúl Martínez, especializada em arte popular.

O Castillo de la Real Fuerza, construído entre 1558 e 1577, no local de um antigo forte destruído pelos corsários franceses, é a mais antiga fortaleza colonial nas Américas. Hospeda o Museo de la Cerámica Artística Cubana.

El Templete, uma capela neoclássica dórica, construída em 1828, tem nos jardins ceibas iguais àquela sob a qual foi rezada a primeira missa em Havana. No interior, existem três quadros retratando o evento, pintados pelo francês Jean Baptiste Vermay.

No antigo Palacio de los Condes de Santovenia, ao lado de El Templete, funciona o hotel Santa Isabel, um cinco estrelas que ficou famoso por hospedar celebridades em visita a Havana, como o ex-presidente norte-americano Jimmy Carter.

O Museo Nacional de Historia Natural, com exemplos da flora e da fauna cubana, tem no quinto andar o restaurante Mirador de la Bahía, uma vista maravilhosa da baía de Havana. Quando está aberto.

Convidei Denis para almoçarmos no restaurante La Mina: sopa e pão. Foi o que deu para comprar com o dinheiro que sobrou após visitar tantos museus. O garoto deixou uma gorjeta para o garçom. Gorda, para os padrões cubanos: um peso convertível, ou seja, 10 por cento do dinheiro que eu havia arrancado do gringo que não queria pagar a caricatura.

Pelo rosto dele, ficou mais feliz do que o garçom. Quem diz que dinheiro não traz felicidade que pergunte ao Denis.

10

Parque de los Enamorados

Atravessei a rua e fui caminhar embaixo das árvores no Parque de los Enamorados. Fora do alcance do sol, o calor diminuía. Os bancos dividiam espaço com a torre que sobrou do cárcere da cidade, decorado com fotografias de alguns prisioneiros ilustres, entre eles José Martí. Mais nada. Mas já era muito.

O vigia esperava uma gorjeta, mas eu não tinha moedas. Poderia dar uma nota de um peso convertível. Poderia. Achei muito dinheiro por um sorriso. Ele fez cara feia, eu fui sentar à sombra. O mundo é assim, ele que se acostumasse.

Esparramado no banco, fiquei admirando, no outro lado da avenida, o antigo Palacio Velasco, belíssimo exemplar da arquitetura art nouveau. Restaurado, serviu como sede da embaixada espanhola. Está fechado desde quando Madri apoiou as novas leis de restrição comercial impostas a Cuba pelos Estados Unidos. Os Impérios se entendem. Eles se sucedem, mas não se confrontam.

Apareceu um jornaleiro. Ofereceu as versões em inglês e francês do *Granma*, órgão oficial do Comitê Central do Partido Comunista de Cuba. Principal jornal do país, a edição internacional, publicada em diversas línguas, facilita a comunicação do governo com os 2,5 milhões de turistas que visitam a ilha todo ano. Comprei a edição nacional. A fluência em espanhol facilita a vida em Havana, além de me colocar mais perto da realidade.

O sistema de dupla moeda, implantado para que os estrangeiros não fossem subsidiados pelo Tesouro Nacional, que arca com os subsídios para os cidadãos do país — ou estrangeiros residentes —, era ignorado pelos turistas. Mas eu o estava dominando. Algo que custava 10 pesos, se pagos em pesos convertíveis, equivaleriam a 25 reais; se pagos em pesos cubanos, equivaleriam a 1 real. Por isso incomodava usar pesos convertíveis para comprar produtos vendidos em moeda nacional. Um desperdício.

O *Granma* custava 20 centavos de pesos cubanos. O esperto rapaz, que circulava nos pontos turísticos por causa disso, pediu-me o que eu quisesse dar. Conheço a estratégia: em qualquer lugar do mundo onde a moeda local vale pouco sempre damos mais do que eles pediriam. Minha nota mais baixa era de 1 peso convertível, e foi o que me custou o tabloide com 16 páginas.

Precisava, o mais breve, adquirir pesos cubanos. Como faria? Não tinha ideia, mas deveria haver uma forma. Os havaneses, que sempre viveram em dificuldade, são mestres na arte de driblar as situações adversas. A versão caribenha do *jeitinho* brasileiro se expressa em duas palavras: *conseguir* e *resolver*.

Eu precisava aprender com eles como *conseguir* moeda local para *resolver* o maior problema desta expedição: sobreviver na cidade com 30 euros diários, dos quais a metade ficava com o hotel. Para vencer esse desafio contava também com outra palavra mágica da cultura socialista cubana: *solidaridad*.

Aprenderia a viver como os cubanos, sem dúvida. Questão de tempo, e isso eu tinha de sobra. Nos primeiros dias avancei no caixa, fiz empréstimos. Os saques contra o futuro deveriam ser compensados, o que diminuía o dinheiro que me restava para gastar.

Não existia a possibilidade de receber dinheiro de casa e meus cartões de saque internacional não funcionavam em Cuba. Os cartões de crédito, embora emitidos pela filial brasileira do Citibank, não são aceitos devido ao embargo econômico norte-americano, que não repassa ao país créditos internacionais. Por conta disso Cuba tem muito dinheiro em haver nos bancos estadunidenses, pressão extra para o bloqueio ser mantido.

Melhor ler o *Granma*.

As principais manchetes na capa do jornal eram *Intercambiou Raúl com os presidentes do Vietnã e Sri Lanka*, *Jovens honram a Fidel e Raúl* e *O que se deve exigir dos Estados Unidos*, essa referindo-se a um artigo escrito por Fidel Castro e publicado na sessão *Reflexões do Companheiro Fidel*.

Parte do artigo, a propósito do golpe em Honduras que derrubou o presidente constitucional Manuel Zelaya, diz o seguinte:

> É absolutamente falsa a ideia de que o embaixador dos Estados Unidos em Tegucigalpa, Hugo Llorens, ignorava ou desencorajara o golpe. Conhecia-o, como os assessores militares norte-americanos, que não pararam um minuto de treinar as tropas hondurenhas.
> Hoje se sabe que a ideia de promover uma gestão de paz a partir da Costa Rica surgiu nos escritórios do Departamento de Estado, para contribuir com a consolidação do golpe militar.

O golpe foi concebido e organizado por personagens inescrupulosas da extrema direita, que eram funcionários de confiança de George W. Bush e haviam sido promovidos por ele. Todos, sem exceção, têm um grosso expediente de atividades contra Cuba. Hugo Llorens, embaixador em Honduras desde a metade de 2008, é cubano-americano. Forma parte do grupo de agressivos embaixadores dos Estados Unidos na América Central, constituído por Robert Blau, embaixador em El Salvador, Stephen McFarland, na Guatemala, e Robert Callahan, na Nicarágua, nomeados todos por Bush nos meses de julho e agosto de 2008.

Os quatro seguem a linha de Otto Reich e John Negroponte, que junto a Oliver North foram responsáveis pela guerra suja contra a Nicarágua e pelos esquadrões da morte na América Central, que custaram aos povos da região dezenas de milhares de vidas.

Negroponte foi representante de Bush nas Nações Unidas, czar da inteligência norte-americana, e finalmente subsecretário de Estado. Tanto ele como Otto Reich, por diversas vias, estiveram por trás do golpe em Honduras.

A base de Soto Cano nesse país, sede da Força-Tarefa Conjunta Bravo pertencente às Forças Armadas dos Estados Unidos, é o ponto de apoio principal do golpe de Estado em Honduras.

Seguia Fidel, mais abaixo:

A única coisa correta neste momento é exigir do governo dos Estados Unidos que cesse sua intervenção, deixe de prestar apoio militar aos golpistas e retire de Honduras sua Força-Tarefa.

Eu pensava nessas intrigas quando um casal sentou-se no banco em frente. Levantei os olhos do jornal para vê-los melhor, a dupla era curiosa: ele, um negro esbelto na flor dos seus 20 e poucos anos, a musculatura moldada pela camiseta regata; ela, uma branca já passando dos quarenta, uns quilos além do recomendável.

    Beijaram-se. Melhor: ela o beijou, sem conseguir disfarçar a excitação. Acho que nem queria. Ele nem precisava se esforçar diante da fêmea, transpirava sexualidade. Usava pulseiras e colares vermelhos, devia ser filho de Xangô. Ainda nos primeiros dias haviam me dito que em Havana se é pai ou filho de santo. Parecia verdade. O belo era filho de Xangô.

    Minha falecida sogra — que Deus a tenha! — costumava dizer que as aparências enganam. Concordo, mas ali estava um *jinetero* e sua feliz presa. Apostaria pesos convertíveis contra pesos cubanos. Iria mais longe: pagaria dois por um. Estavam no lugar certo, o parque é dedicado aos namorados.

    A senhora voltará para o lar com tórridas lembranças das noitadas de amor, a ilha tropical era um paraíso; as amigas nem imaginavam. Precisavam tirar férias longe de casa, esquecer os sofisticados cafés parisienses e os concertos eruditos em Viena, e correrem para cá. Sentir a vida na própria pele, experimentar o calor subindo e descendo pelo corpo, transpirar prazer. Ah, o trópico. Aqui, idade não importa, os homens não têm preconceitos; a ditadura da juventude não tem vez. Que viessem, seriam bem aceitas. Em Havana os comunistas não comem criancinhas, arranjaram atividades mais lucrativas.

    O filho de Xangô, por sua vez, esvaziaria o corpo, mas encheria a carteira de euros, suficientes para conquistar o amor de alguma filha de Oxum mais exigente. As filhas de Oxum são muito exigentes, e sabem se impor. Eu sei. Ai deles se voltarem para casa com os bolsos vazios, obrigando-as a trabalhar mais do que já fazem.

Dois policiais passaram, alta prosa. Nem olharam para o casal. Caso tenham olhado, fizeram que não viram. Imaginei que ficaram com inveja. Não pela mulher, feia para os padrões locais. Inveja dos euros que o sujeito ganharia, mais do que o salário deles. Bom, sim. Devem ter se conformado, a maioria dos policiais que conheci em Havana vinha do interior. Os havaneses tinham habilidades especiais, não entravam para a polícia.

O tempo virou. O sol desapareceu, o céu ficou nublado, começou a ventar. As águas azuis do Caribe se revoltaram e uma sombra cinza-azulada cobriu Havana. Assim, na hora. Uma rajada mais forte e lá se foi o *Granma*. Precisava voltar ao Lido antes que desabasse o aguaceiro. Talvez uma tormenta se aproximasse.

Ao me afastar da praça virei-me a tempo de ver o casal levantar do banco. Seguiam para um local mais aconchegante. Havia muitas casas particulares onde se refugiar, madame logo sentiria o tamanho do poder de Xangô.

Talvez até se convertesse.

11

Callejón de Hamel

Pela roupa da mulher desconfiei que fossem do Brasil. Ninguém usa vestido até o tornozelo, a não ser as brasileiras. Espichei o ouvido e... pimba! Falavam português. Ou brasileiro, como dizem por aqui. Esperei terminarem o café, estávamos no restaurante na cobertura do Lido, e puxei assunto. O domingo pedia uma prosa. Não encontrei mais do que meia dúzia de brasileiros na cidade, mesmo assim de passagem. A turma prefere os resorts em Varadero.

Ele me indicou o livro que usava para conhecer a ilha. Dei uma olhada e fiquei decepcionado com o relato do viajante brasileiro: ora deslumbrado, ora preconceituoso. Deslumbrado com a obviedade, preconceituoso com a diversidade. Mas não culpo o autor. É difícil compreender uma sociedade diferente da nossa. Queremos medir as outras culturas pelo nosso padrão, e perdemos os detalhes.

Nossa mente hollywoodiana, viciada em maniqueísmos, tem dificuldade em perceber os dégradés, o que o mundo tem de melhor. Por isso, em vez de julgar, seria mais sábio procurar entender.

Há que ser irônico, mas sem perder a ternura.

Pensei em sugerir alguns passeios, mas desisti. Estavam interessados em praias, nossos programas não coincidiam. Essa mania que me persegue, de achar que as pessoas em viagem devem procurar o que os lugares têm de original, a maioria das vezes me causa constrangimento. Trocar uma praia caribenha por um terreiro de batuque? Argh! Meus gostos são meio estranhos, admito. Sagitarianos e suas críticas construtivas! Bah, ninguém merece!

Ela lembrou que havia esquecido o celular no quarto. Ou em outro lugar? Meu Deus! E se já roubaram? Imagina, nesta pobreza, um equipamento daqueles, de última geração! Valeria uma fortuna no mercado negro. Desceu aflita. Voltou em seguida, mostrando com satisfação o aparelho. Ah, que alívio. Já pensou ficar ilhada sem o telefone?

Conversa vai, conversa vem — eles eram mineiros —, me atrasei.

Saí com pressa, acompanhado pelo sol do meio-dia. Precisava caminhar 22 quadras até o Callejón de Hamel, meu programa para a tarde. Vinte e duas quadras. Quando se anda pelas ruas de Havana nesse horário, em pleno verão, 22 quadras são 22 quadras! Contei, uma a uma. São curtas, o traçado da cidade é antigo. Exceto as avenidas, as ruas são estreitas, a calçada é mínima. Pelo mesmo motivo, os prédios não têm marquise, impossível esquivar-se do sol.

Vinte e uma, vinte e duas. Cheguei. Esbaforido. Ah, quem me dera uma praia. Não, praia não, tem muito vento. Melhor uma piscina. Como a do hotel Habana Libre. Pena que os 160 euros de diária estavam um pouco acima do meu orçamento.

Ah, nem é tão bom assim.

O pintor Salvador Gonzáles Escalona converteu uma travessa em frente ao seu estúdio, entre as ruas Aramburu e Hospital, próxima ao Malecón, num centro cultural ao ar livre dos mais populares de Havana. Decorado com murais multicoloridos, grafites com palavras de ordem revolucionárias e esculturas feitas com a sucata recolhida nas ruas, o local reúne músicos, cantores, bailarinos, pais e filhos de santo numa *peña cultural afrocubana*. Começam a tocar rumba, cantar e dançar após o almoço e a festa vai noite adentro. Todos os domingos.

Muito santo baixando. Quase nenhum turista.

Após visitar o ateliê do artista, onde pude conferir um pouco da pintura pop cubana, sentei do lado de fora. Fiquei ali, cadeira escorada na parede, ouvindo a música. Olhava o pessoal dançar, conversava com um e outro. Os domingos são para isso. Até Olorum descansou no sétimo dia.

Mercedes fumava um grande charuto, espalhando fumaça por todos os cantos. Tirava o puro da boca só para beber mojito, um atrás do outro. Ofereceu um gole, mas agradeci. Ficou chateada. Expliquei que não tomo bebidas alcoólicas de dia, ainda mais com aquele sol. Como voltaria para o hotel?

Pedi para fotografá-la. Concordou. Disse que antes não deixava, mas agora havia mudado de ideia. Por quê? Porque desejava ser famosa. Após umas fotos esfumaçadas, ela levantou e foi dançar.

Havia poucas cadeiras, sempre que alguém levantava outro sentava. As pessoas se revezavam ao meu lado, cada qual mais loquaz. O calor, as danças sensuais, os tambores, o fumo e os mojitos soltavam a língua. Os havaneses adoram se exibir quando estão no seu terreiro, em especial se houver algum estranho interessado. Ótimo para aprender um pouco mais sobre a música cubana.

Enquanto nos Estados Unidos os tambores e os chocalhos estavam proibidos, em Cuba podiam ser utilizados nos rituais das irmandades negras e nas festas católicas. Isso explica por que a música e a religião sofreram tamanha influência da África. Santos e orixás recebiam danças e músicas como oferendas. Os ritmos, cada vez mais elaborados, evoluíram para um novo gênero musical: a rumba.

A rumba se desenvolveu nas docas de Havana. Os escravos, em contato com músicos estrangeiros, acrescentaram instrumentos e coreografias; surgiram os cantores. Hoje, ela se divide em três formas básicas: *guaguancó*, uma dança que mais parece uma relação sexual (as turistas europeias aprendem nos cursos em Havana para dançar com os *jineteros* nas boates), *yambú*, uma dança de pares, bem lenta, e *columbia*, uma dança masculina agressiva, que envolve tochas de fogo e facões.

O *callejón* fervia.

As bandas e os cantores se alternavam, e todos dançavam. E bebiam. E fumavam. Um dos músicos usava uma camiseta da Seleção Brasileira de Futebol. O cara tocava atabaque com rara habilidade, parecia ter nascido em Salvador. Chocalhos, agogôs, *batás* (tumbadores) e congas eram repercutidos em profusão. Homens e mulheres vestidos de branco, da cabeça aos pés, cheios de colares, davam shows. Exibiam os dotes físicos uns para os outros, um duelo de sensualidade.

Lá pelo final da tarde, Mercedes me convidou para dançar. Tinha na cabeça um pano lilás, como se fosse um turbante, e usava uma blusa tomara que caia, também lilás, que marcava os mamilos e deixava a barriga de fora. No pescoço, uma concha presa num colar azul; no nariz, um piercing. Dois grandes brincos dourados pendiam das orelhas. Não tirava os óculos de sol, não largava o charuto nem o copo de mojito.

Mercedita rebolava sobre uma sandália de salto que dava gosto ver. A minissaia subia, as coxas grossas reluziam. Quando se agachava, a bunda redonda quase tocando os calcanhares, aparecia a calcinha branca: era músculos e fibras, quase nada de gordura. *Mamita* era uma negra muito fina, todos queriam dançar com ela. E *mamita* queria dançar com o *papito*. Vá entender!

Tocavam um *guaguancó*.

Aprendi uma vez que rir faz bem à saúde, mas que é politicamente incorreto ser motivo das risadas dos outros. Está bem, está bem. Mas, ora, deixa pra lá! Em Havana ninguém é politicamente correto.

12

Parque Mártires del 71

Os MUSEUS das outras cidades estão cheios de cartões-postais que mostram como tudo era antes, quando os prédios históricos ainda não haviam sido demolidos pela exploração imobiliária. A gente vai lá ver os bicos de pena, as gravuras, as fotos emboloradas e os desenhos carcomidos. E babamos. Havana subverte essa prática. As fotos antigas mostram prédios em ruínas, agora restaurados. Os cartões-postais estão vivos, ali no outro lado da calçada.

Havana é isso. Melhor: é tudo isso.

O castelo de San Salvador de la Punta foi projetado pelo engenheiro militar italiano Giovanni Bautista Antonelli e erguido entre os anos 1589 e 1600. Restaurado em 2002, tem a aparência de recém-construído.

Durante a era colonial, todas as noites uma corrente com 250 metros era estendida até o Castillo de los Tres Santos Reyes Magos del Morro, no outro lado da baía, para fechá-la e impedir a entrada dos navios. Protegia a cidade dos piratas. Para evitar acidentes, um tiro de canhão avisava os retardatários.

O Castillo de los Tres Santos Reyes Magos del Morro é a maior fortaleza colonial das Américas. Tão grande que Carlos III chegou a usar um telescópio em Madri na tentativa de vê-la. Serviu de prisão militar nas ditaduras de Gerardo Machado e Fulgencio Batista e quartel-general de Che Guevara após a Revolução, onde os primeiros contrarrevolucionários acabaram no paredão. Hospeda a Feira Internacional do Livro de Havana.

O castelo de San Salvador de la Punta, além da bela estrutura, tem um museu com uma série de objetos recolhidos dos navios espanhóis afundados ao longo dos séculos, uma coleção de modelos de barcos a vela e um complexo informativo sobre o tráfego negreiro no Caribe. Acervo curioso sobre os navios, repugnante sobre os escravos. Grilhões sempre são deprimentes, reais ou simbólicos. O povo de Cuba sabe disso.

Dentro do prédio estava agradável, o ar protegido pelas grossas paredes de pedra. Ao pisar na rua, ao contrário do frescor interno, recebi no rosto uma baforada quente. O sol, logo acima, queimava.

A gigantesca estátua equestre do general Máximo Gómez, no outro lado da avenida, fritava; embora o herói nem ligasse, como se espera de alguém que tenha comandado os exércitos cubanos nas diversas guerras contra a Espanha na luta pela independência. Perdera todas, mas isso é secundário. Herói é herói, e pronto. Ainda mais em Cuba.

No parque Mártires del 71 parei alguns minutos em frente ao Memorial a los Estudiantes de Medicina, queria fazer algumas fotos. Em 1871, oito estudantes cubanos, escolhidos ao acaso pelas autoridades coloniais, foram executados em represália à violação do túmulo de um jornalista espanhol. Mais tarde — e aí já era tarde demais para todos —, descobriram que os rapazes eram inocentes.

Melhor ler o jornal, buscar notícias atuais.

A reportagem *Rendem homenagem a moncadistas e expedicionários* informava:

> Os Comitês de Defesa da Revolução homenagearam nesta quinta-feira os combatentes dos quartéis Moncada e Carlos Manuel Céspede, assim como expedicionários do iate *Granma*, cujas ideias defenderá eternamente nosso heroico povo, afirmou Juan José Rabilero, coordenador nacional dessa organização.
> Rabilero ratificou o compromisso com a Revolução e as ideias de Fidel, que não são apenas as do povo cubano, senão da América e do mundo, porque se trata de justiça social. Asseguro-lhes que seremos dignos herdeiros de tudo quanto vocês defenderam, disse aos combatentes.

E por aí se ia o texto.

O *Granma* trazia uma matéria de meia página sobre a reunião, na Rússia, do BRIC: Brasil, Rússia, Índia e China. Lá pelas tantas, a reportagem dizia:

> Ainda que até agora não haja alternativa que substitua o dólar, tampouco há que se enganar: a decadência dos Estados Unidos leva inevitavelmente ao fim do dolarcentrismo, seja no curto ou longo prazo. [...] Assim, o BRIC incorpora em suas demandas as reivindicações do Terceiro Mundo, seu direito ao desenvolvimento e à troca da injusta ordem econômica e, como Cuba, os Não-Alinhados e a Aliança Bolivariana para os povos de nossa América, propõe uma frente comum para combater a crise atual.

Um rapaz sentou ao meu lado e ofereceu charutos. Tinha amigos que trabalhavam nas fábricas da cidade, podia me conseguir Cohiba, Montecristo, Romeu y Julieta, Partagás ou qualquer outro que fosse da minha preferência. Pela metade do preço.

Ah, não! Outro? Perguntei se eram roubados. Perguntei mesmo, assim, no seco. Queria ver a reação dele pego de surpresa. O cara se indignou, seus amigos jamais roubariam do Partido. Imagina, roubar do Fidel!

Fiquei tentado a comprar. Metade do preço. Para quem estava com pouco dinheiro talvez fosse a oportunidade de conseguir uma grana extra, poderia revendê-los aos turistas que não falavam espanhol. Mas desisti. Arranjaria outra maneira de resolver meu problema financeiro. Eu também não roubaria do Comandante!

Voltei ao *Granma*.

Havia uma sessão de duas páginas de *Cartas a la dirección*, com muitas reclamações de clientes insatisfeitos com as mercadorias e os serviços comprados nas lojas estatais.

Em uma delas, L. Moya Domingues reclamava da morosidade da Empresa de Correos de Cuba (ECC). Uma carta, enviada do Brasil, havia levado três meses para ser entregue em Havana. Ele citava a demora de dois meses na separação da correspondência, feita na Gerencia de Cambio Internacional (GCI) en la Ciudad de La Habana. Isso facilitava a violação das cartas, que muitas vezes chegavam abertas às mãos dos destinatários, não raro faltando algum presente, obséquios como postais, cartões telefônicos, calendários etc.

Mais tarde, mas isso já foi bem mais tarde, quando ganhei a confiança dos amigos e comentei a tal carta, fiquei sabendo que o "etc." se referia ao dinheiro que eles recebem dos familiares que vivem no exterior, roubado pelos carteiros em Havana. Gostei da sutileza do leitor, aprendi com ele a maneira indireta de se fazer reclamações em Cuba.

O rapaz, ainda sentado ao meu lado, vendo que me interessava mais pelo jornal do que pelos charutos pela metade do preço, levantou e se foi. Nem se despediu. Se não eram roubados, então eram falsos. Não roubava de Fidel, claro: roubava de mim!

Que comunistazinho explorador!

13

Edifício Bacardí

Há um bar no térreo, no lado direito de quem entra, e desabei no primeiro banco. Mais do que um daiquiri, queria olhar as fotos. O edifício tem uma torre, está no meio de outros prédios, difícil enquadrá-lo de alto a baixo. Pior: eu queria um velho carro passando em frente. O que mais há pelas ruas são carros antigos, mas combinar foi difícil. Às vezes, na hora H, um transeunte passava diante da câmera, e eu desperdiçava o clique.

Haja paciência. Mas o cenário pedia. Não é sempre que se tem uma obra de arte na beira da calçada. Assim, disponível para todos os olhares. Demorei tanto na esquina que chamei a atenção dos guardas. Deviam estar acostumados com turistas fotografando o Bacardí, mas não com tanto esmero. Os policiais que se acalmassem, eu nada mais tinha pra fazer naquele dia. Nem eles.

Consegui algumas fotos, precisava conferir a qualidade, a garçonete que esperasse. Eu não tinha pressa para o daiquiri, menos ainda para gastar os meus pesos. A vida é assim, ela deveria saber.

O rum jamaicano, como era chamada a aguardente obtida pela fermentação e destilação do melaço de cana-de-açúcar, era capaz de curar doenças, mas os pacientes quase morriam de ressaca no dia seguinte. O jovem espanhol Facundo Bacardí, que havia migrado para Cuba com 14 anos de idade, criou uma bebida com menos efeitos colaterais.

Comprou uma pequena destilaria em Santiago de Cuba e fundou a Ron Bacardí y Compañia. Além dos alambiques, a empresa hospedava uma colônia de morcegos nas vigas da velha casa, o que explica o animal ter virado logotipo da nova bebida. Eles ficavam por ali, amorcegados, e acabaram expostos no rótulo.

Dom Facundo experimentou diversas formas de destilar e filtrar o rum, armazenou em barris de carvalho trazidos dos Estados Unidos e Canadá e chegou à Fórmula Bacardí. Durante anos, ele batalhou para sobreviver em meio às guerras pela independência de Cuba.

Cansado, o velho se aposentou. Transferiu o comando da empresa para o filho, dom Emilio, um apreciador das belas artes, e a fórmula do rum para o outro filho, dom Facundo M. O terceiro filho, dom José, abriu um escritório comercial em Havana. Família unida em torno do lucro.

Após a independência, a popularidade da empresa cresceu com a invenção de duas bebidas à base de rum: a cubalibre e o daiquiri. O rum passou a ser engarrafado também fora da ilha e a empresa se tornou a primeira multinacional cubana. Nos anos seguintes, dom Emilio expandiu os negócios para os Estados Unidos e deu início à construção de uma nova sede para a companhia: o Edificio Bacardí, uma joia arquitetônica em estilo art déco.

A art déco surgiu no rastro da modernidade e teve seu apogeu nos anos 1930. A renovação dos símbolos artísticos relacionados com a cultura do capitalismo industrial e financeiro, então no auge, era uma das ambições dos participantes da Exposição Internacional das Artes Decorativas, realizada em Paris. O evento dividiu a história da arquitetura e de suas mostras se derivou uma forma peculiar no desenho: a art déco (rativa).

O novo estilo aspirava à simplificação dos excessos ornamentais decretados pelo ecletismo e pretendia superar ao não menos complicado — ainda que prestigioso e exclusivista — art nouveau, procedente do antiquado século XIX.

A linha reta e sua expressão vertical marcavam a base do estilo, acentuando o novo perfil urbano dos países ricos. O problema do aumento da altura dos prédios havia sido resolvido pelo elevador elétrico.

Com esse espírito e ambições desmesuradas, a burguesia mais culta de Havana importou a art déco tão logo ela surgiu na Europa. O projeto do edifício de escritórios Emilio Bacardí, selecionado por concurso, tem uma influência adicional, muito clara, da Escola de Chicago.

Com o início da Lei Seca nos Estados Unidos, Havana atraiu um grande número de turistas, ávidos por coquetéis de Bacardí e mulheres cubanas. Cassinos, mulatas, *piñas coladas*, mojitos e daiquiris criaram ao longo dos anos, segundo Graham Greene, uma "cidade extraordinária, onde todos os vícios eram tolerados, todos os tráficos eram possíveis". Ernest Hemingway comemorou o prêmio Nobel de Literatura em Havana, uma festa patrocinada pelo Bacardí.

A rapaziada extrapolou. E, como sempre, aconteceu: uns barbudos que haviam ficado do lado de fora da festa não gostaram. Invadiram a cidade e botaram água no rum dos gringos.

A Revolução nacionalizou, entre outros, os ativos da Ron Bacardí y Compañia e a família se exilou nos Estados

Unidos. Fidel Castro tentou exportar a marca, mas não conseguiu: a Bacardí ganhou todos os processos no exterior. Mantida pelos herdeiros, a partir dos Estados Unidos, o rum Bacardí se converteu na bebida mais vendida do mundo.

Havana abriga dezenas de construções art déco, a maioria preservada pela falta de investimentos imobiliários nos últimos sessenta anos, mas nenhuma se iguala ao Edificio Bacardí, um ícone internacional. Restaurado com apuro pelo governo, para muitos arquitetos se trata do melhor exemplo de art déco que ainda existe no mundo.

As fotos haviam ficado boas, exceto quando tentei enquadrar a torre. Alta demais, ou ficava ela ou a base no foco. Decidi apagar, voltar à esquina e reiniciar a sessão. Prefiro a vida real, sem retoques; mesmo que dê algum trabalho.

O daiquiri podia esperar, a gorjeta da moça também.

14

Plaza 13 de Marzo

Perto do Malecón, em frente à entrada da baía, arborizada e fresca, a Plaza 13 de Marzo era um dos meus locais preferidos para ler o *Granma*. As frases "*Todo por la Revolución*" e "*Vivo en un país libre*" estão pichadas nos muros das ruas laterais.

Do banco eu podia avistar a sede do Comitê Nacional da Unión de Jóvenes Comunistas, cujo lema *Estudio, Trabajo y Fusil* está expresso num logotipo com as caras dos barbudos Che Guevara e Camilo Cienfuegos e de um rapaz imberbe. Ao ver o prédio lembrei uma frase de Che Guevara: "Ser jovem e não ser revolucionário é uma contradição genética."

O problema é a praça ficar em frente ao antigo palácio presidencial, hoje Museo de la Revolución, local mais visitado de Havana. E, claro, reduto dos *jineteros*. Além do tradicional serviço de guia, ofereciam charutos baratos e *chicas calientes*. Ou qualquer outra coisa que eu precisasse. Estavam ali para servir, sabe como é.

No primeiro dia, para despistá-los, agi como sempre: disse que estava na cidade havia semanas e que voltaria ao Brasil no dia seguinte. Desanimavam, mas não perdiam o sorriso.

Nos dias que se seguiam eu os reencontrava e dizia a mesma coisa. Virou piada; eles já me abordavam com a minha história. Vendo que não me tirariam dinheiro, alguns deixaram de importunar; outros se tornaram amigos, como Julio.

Ele se apresentava de diversas formas, dependia do que imaginava ser o interesse do turista. Contava que servira em Angola, por isso tinha contatos militares; ou se dizia músico, tinha inclusive acompanhado as apresentações do balé britânico. Outras vezes afirmava ter percorrido o mundo como treinador da seleção olímpica de boxe.

Fazia cara de ofendido quando alguém o confundia com um *jinetero*. Era um amigo, estava ali por acaso, e não se negaria a ajudar um visitante. Em Cuba, todos se ajudam, é o socialismo. Nos outros países é muita correria, todo mundo se agredindo. Em Havana não, aqui o ritmo de vida é outro. Mais tranquilo. As pessoas se ajudam muito. Isso aí.

Importava ganhar a confiança do turista. A partir daí, ele comandava as ações. Morava ali perto, uma casa só dele, fato raro em Havana. Tinha vindo do interior, estava sem moradia, sem trabalho, sem nada. O primeiro ano foi difícil, mas no segundo a sorte mudou. Como por encanto.

Conheceu uma velha e se amasiaram. Ela não tinha ninguém e ele se dedicou a cuidar dela. Passou trabalho, a danada era muito ranzinza. Amargurada até os ossos. Mas ele teve sorte, a velhota durou pouco. Quando ela desencarnou, Julio se apossou da casa. E de tudo que tinha dentro. Sozinho. Cara sortudo.

Ou será que ele matou a infeliz? Pode ser, já li muito disso nos jornais mundo afora. Se ele matou a pobre mulher e a polícia não descobriu, ficou por isso mesmo. Em Cuba nem sairia na imprensa, os jornais não têm editoria policial. Essas coisas não acontecem numa sociedade perfeita.

E se acontece, não sai na mídia. Para que divulgar coisas ruins se há tantas coisas boas para ser publicadas? Nem existem repórteres investigativos, desses que ficam bisbilhotando a vida pregressa dos outros. Em Havana as coisas são mais amenas. Sol, praia, quase tudo de graça. Esquentar a cabeça pra quê?

Compadre Julio me convidou para morar com ele, por um pequeno aluguel. Eu era um cara de sorte. Tinha um quarto sobrando na casa, a duas quadras do Malecón; localização privilegiada.

Era mesmo. Ele soube escolher a velha certa. E se o corpo estivesse enterrado embaixo da casa? Eu, hein! Recusei. Além do mais, se a polícia me descobre, teríamos problemas. Obrigado. Há que economizar, mas nem tanto.

Então que fosse até a casa dele, queria mostrar algumas revistas de mulher pelada. Por um peso convertível. Uma pechincha. Éramos amigos, só por isso. O que é um peso para um brasileiro?

Por que eu faria isso? Mulher pelada tem de graça na Internet.

Ah, mas não é a mesma coisa. As revistas mostram as atrizes do teatro Shangai, fechado pela Revolução. Uma relíquia. Revista de mulher pelada é proibida em Cuba e a Internet é censurada, pornografia é crime. Vale a pena ver, os turistas adoram.

Imagino. Violar a lei em Cuba, dar uma rasteira no Fidel, já pensou? Fazer o que nem a CIA conseguiu fazer?

O cara era cheio de macetes, um especialista na arte de enrolar os outros, e só não me tirou dinheiro porque estava mais duro que ele. Aliás, um dia ele me deu um exemplar do *Trabajadores*, o jornal da Central de Trabalhadores de Cuba, e não precisei comprar o *Granma*. Vivia prometendo me convidar para tomarmos uma *copa*, mas esse dia nunca chegou.

As manchetes na capa do *Granma* eram *Soldados e policiais reprimem universitários em Honduras* — sobre as manifestações populares a favor do presidente deposto Manuel Zelaya — e um texto escrito por Fidel Castro: *Sete punhais no coração da América*. O artigo ocupava uma página e meia das oito do tabloide e criticava a instalação de novas bases militares dos Estados Unidos na Colômbia, ameaça velada à Venezuela de Hugo Chávez.

> Seria um erro grave pensar que a ameaça é só contra a Venezuela; vai dirigida a todos os países do sul do continente. Nenhum pode evitar o tema como declararam vários deles. As gerações presentes e futuras julgarão seus líderes pela conduta que adotam neste momento. Não se trata apenas dos Estados Unidos, senão dos Estados Unidos e o Sistema. O que oferece? O que busca?
>
> Oferece a ALCA, quer dizer, a ruína antecipada de todos os nossos países, livre trânsito de bens e capital, mas não de pessoas. Experimentam agora o temor de que a sociedade opulenta e consumista seja inundada de latinos pobres, índios, negros e mulatos ou brancos sem emprego em seus próprios países.

Havia outras matérias: *Chávez adverte sobre operação do Pentágono contra Venezuela, Organização campesina convoca Dia de Ação Global por Honduras, Correa tomará posse de segundo mandato em 10 de agosto próximo, Novo ataque da aviação ianque mata civis no Paquistão, Vietnã e Laos reforçam laços*.

Na editoria de cultura a principal notícia era sobre a nova lei dos museus.

A lei do Sistema Nacional de Museus da República de Cuba, recém-aprovada pela Assembleia Nacional do Poder Popular, vem enfatizar o trabalho do Conselho Nacional do Patrimônio Cultural e a responsabilidade dos governos estaduais e municipais na preservação do mais valioso acervo material e imaterial do nosso país.

Na última página uma grande matéria sobre a reforma num edifício residencial.

Os moradores do edifício de Viscusia, pequena comunidade agrícola do município de Chambas, em Ciego de Ávila, já não olham o céu preocupados com as tempestades de verão. Por esta mesma data no ano passado a chuva se convertia no principal inimigo das famílias dos 24 apartamentos do então maltratado retângulo de paredes.

Mais abaixo, a reportagem informa que "Maritza Marrero Reys, diretora da Unidad Municipal Inversionista de la Vivienda (UMIV), no município de Chambas, assegurou que este ano reabilitaram integralmente dois dos 39 edifícios do território, impermeabilizaram dezoito e pintaram catorze". O jornal destaca ainda: "Chama a atenção a crescente participação dos moradores nesses trabalhos, e na cooperação com as brigadas construtoras."

De todas as matérias a mais interessante, cujo tema poderia me atingir enquanto estivesse em Havana, se referia à temporada de ciclones na ilha. Pelo calendário, Cuba deveria ter sido alcançada por algum furacão, mas eles não haviam dado o ar da desgraça.

Em *Não confiarmos na inatividade ciclônica* conjeturava:

Estamos terminando a primeira dezena de agosto e Ana segue sem aparecer. Além da fortaleza de anticiclone do Atlântico e sua ampla zona de influência, existe um fator que tem sido chave até agora por este inativo comportamento. Se trata da poeira do Saara, transportada do continente africano até o oeste pelo fluxo dos ventos alísios, expandindo-se sobre o Atlântico e região do Caribe.

O doutor em Ciências Físicas Eugênio Mojena, da seção de satélites do Centro de Prognóstico do Instituto de Meteorologia, explicou que além de trazer ar seco, por suas características físicas as partículas de poeira reduzem o tamanho das gotas de chuva e inibem a formação de nuvens de grande desenvolvimento vertical, geradoras de precipitações.

Eu havia decidido viajar a Havana nesta época do ano para conhecer algum furacão e agora eles não apareciam por causa das areias do deserto do Saara!

15

Hotel Ambos Mundos

MILAGROS ERA uma negra muito atrevida, queria saber se eu tinha arranjado uma noiva em Havana. Perguntou rindo, os dentes de ouro brilhavam ao sol do meio-dia. Fazia calor e ela ficava por ali, no meio da rua, agarrada na vassoura. Uma bruxa boa.

Contou que ninguém mais queria casar com ela porque trabalha como varredora de rua. Na primeira vez desconfiei que não varresse nada, só fizesse de conta. Com o tempo, confirmei. Nada. Nada de varrer. A velhaca estava a postos para tirar fotos com os turistas e faturar gorjetas em pesos convertíveis.

Mais tarde ela me contou que os gringos adoram levar para casa fotos com uma operária cubana, para mostrar como o povo é trabalhador. Honesto, trabalhador e tão explorado. Quá-quá-quá! Ela ria, não sei se de Fidel ou dos turistas, e faturava. E insistia que eu precisava arranjar uma noiva em Havana.

As mulheres eram lindas e adoravam estrangeiros. Poderia casar com uma delas e levar para o meu país. Desconfiei que se concordasse, ela teria alguém para me apresentar. Em troca de alguns pesos, claro. Milagros fazia milagres para sobreviver.

Alguns anos antes eu me encantaria com ela, até a pediria em casamento. Era a mulher mais linda de Havana, e ganhava muito dinheiro. Os dentes de ouro estavam ali para comprovar. Disse mais: eu não me arrependeria. No Período Especial, época em que a situação econômica estava complicada em Cuba, ela chegou a dar conta de três gringos de uma única vez. Sabe onde? No banco de trás de um Buick conversível, lá pelos lados do Malecón.

Claro que acreditava. A história estava desenhada nas rugas que se esparramavam pelo rosto dela, embora mantivesse um corpo bem torneado. Gostava de vê-la, com a vassoura, como se varresse a calçada em frente ao hotel. Eu e todos que passavam por ali. Era uma imagem surrealista, bem cubana.

O hotel Ambos Mundos, na esquina do bulevar Obispo com a rua Mercaderes, tem duas atrações, além de Milagros: o quarto onde Ernest Hemingway se hospedava sempre que estava na cidade, e ele fez isso durante anos, e um bar no terraço, onde se podia beber um mojito vendo as luzes lá embaixo.

Paguei dois pesos para conhecer o quarto onde ele escreveu *Por quem os sinos dobram*. Fidel Castro leu o romance quando estava escondido nas montanhas, perseguido por Fulgencio Batista, e deve ter se inspirado na prosa do norte-americano. Os dois se encontraram uma única vez, após a vitória da Revolução, num torneio de pesca organizado pelo escritor. Vencido, obviamente, pelo competitivo Comandante.

O quarto 511, num canto do prédio, tem uma bela vista para o outro lado da baía, onde se pode ver as fortalezas e a gigantesca imagem de Cristo. Mobiliado. Além da cama e de um armário, que ele pediu para guardar os livros, está decorado com troféus de caça e conserva a máquina de escrever original. Nas paredes, fotos das cinco esposas e da amante cubana.

O restaurante no terraço visitei uma única vez, só queria batizá-lo; e o mojito nem era lá essas coisas. Juro. Caro e cheio de turistas endinheirados, é um dos locais mais frequentados de Havana, especialmente por europeus e japoneses. Como tiravam foto! À noite, todos os ambientes externos na capital ficam na penumbra, das ruas aos restaurantes ao ar livre. E dê-lhe flash, e dê-lhe olhos vermelhos.

Frequentei com assiduidade o lóbi do Ambos Mundos. Espaçoso e cheio de sofás, servia para um descanso nas horas mais quentes. Também gostava de ver os grupos que entravam e saíam, ávidos para olhar as fotos de Hemingway nas paredes e conhecer o quarto no quinto andar.

O motivo principal, no entanto, era o restaurante, onde serviam uma *Oferta de Verano, comida a la brasa*: pratos entre 3 pesos convertíveis (um oitavo de frango grelhado marinado com orégano e limão), 4 pesos convertíveis (lombo assado com mel) e 5,5 pesos convertíveis (carne de boi grelhada com molho de mostarda). Vinham guarnecidos com arroz branco, rodelas de batatas fritas com casca, repolho fatiado, vagem, cenoura e pepino. Estava incluído no preço um drinque nacional.

A possibilidade de uma Bucanero gelada, naquele calor, era tentadora. Mas como não tomo bebidas alcoólicas durante o dia, optava pela limonada. Coração partido, confesso. Mas a vida é assim: as maiores privações são autoimpostas. Está bem, nem sempre. Esquece.

O pianista, que deveria ser da época em que Hemingway se hospedava no hotel, tinha no repertório *Garota de Ipanema*. Música preferida de Milagros, sempre que o velho a executava ela se aproximava das janelas do restaurante para ouvir o *jazz brasileño*.

Quando eu saía após o almoço para descansar nas sombras da Plaza de Armas, na quadra vizinha, ela vinha me perguntar se já havia decidido arranjar uma noiva cubana.

16

Estación Central de Ferrocarriles

No outro lado da rua, em frente à movimentada Estación Central de Ferrocarriles, um belo prédio art nouveau, está a pequena casa onde nasceu José Martí, a maior figura histórica de Cuba. Um figuraço, o homem.

Detido aos 16 anos de idade por ter fundado o jornal revolucionário *La Patria Libre*, durante a Primeira Guerra pela Independência, foi condenado a trabalhos forçados e mais tarde expulso do país. Viveu no México, na Venezuela e nos Estados Unidos, onde passou a articular uma nova revolução para a independência da ilha.

Trabalhou em Nova York para os jornais *La Nación*, de Buenos Aires, e *La Opinión Nacional*, de Caracas. Também exerceu na cidade a missão de cônsul do Uruguai, Paraguai e Argentina. Morando nos Estados Unidos, não aceitava a ajuda americana para a independência de Cuba por considerá-los tão opressores quanto a Espanha. Certa vez escreveu: "Eu vivi dentro do monstro e conheço suas entranhas."

Fundou o Partido Revolucionário Cubano, em busca de recursos para o seu projeto. Em 1895, desembarcou em

Cuba, dando início a uma nova guerra de independência, na qual morreu um mês após iniciado o conflito.

Montado num cavalo branco e usando seu tradicional terno preto, liderou um ataque suicida contra as fileiras espanholas, transformando-se num mártir cuja vida inspirou legiões de cubanos nas décadas seguintes, entre eles Fidel Castro e seu grupo de barbudos.

Dei uma espiada pela janela, uma olhada pela porta, e concluí que não precisava entrar. A casa era pequena e da calçada se via quase todo o interior, as paredes repletas de fotos com cenas da vida do poeta. Resolvi economizar meus pesos. Além do mais, havia estátuas de "El Maestro" em todos os cantos da cidade, não precisaria pagar para idolatrá-lo um pouco mais.

Então. Atravessei a rua e fui conhecer a estação ferroviária, um formigueiro de gente entrava e saía, outro tanto se enredava nas bagagens; esperavam a vez de embarcar. A cara de felicidade de quem viaja só é menor do que a cara de felicidade de quem chega, e só chega quem sai.

A ferrovia conecta as principais cidades, os trens partem a toda hora; a maioria atrasados. Marcito embarcaria para Santiago de Cuba, no outro extremo da ilha, uma viagem de quinze horas num trem comum. Estava feliz, viera a Havana visitar o irmão, policial na cidade, e partia com notícias e presentes para os familiares.

O *palestino* estava radiante, mas não via a hora de chegar em casa. O pessoal da parte leste da ilha não gosta da forma pejorativa como os havaneses se referem a eles, mas que fazer? Se voltaria a Havana? Claro, assim que o irmão tivesse mais dinheiro para enviar aos pais, lá no interior.

Fiquei horas por ali, bisbilhotava uma coisa e outra. Perguntei preços, indaguei destinos, conferi horários. Fiz um lanche. Não pretendia sair de Havana, esta viagem estava concentrada na capital, mas gosto desse tipo de ambiente. Trens chegando, trens partindo; pessoas apressadas indo e vindo...

O mundo em movimento me atrai.

17

Monumento a las Víctimas del Maine

Caminhar ao longo do Malecón era um dos passeios obrigatórios. Ao cair da tarde, quando o calor amainava e uma brisa soprava do mar, eu percorria quilômetros na orla vendo o sol baixar no horizonte até sumir na imensidão verde-dourada do Caribe. Havia muito para conhecer, cada lugar com uma história interessante. Bem assim, semana após semana.

A muralha serpeia ao longo de oito quilômetros de costa, desde o Castillo de San Salvador de La Punta, na entrada da baía de Havana, até o Castillo de Santa Dorotea de Luna de Chorrera, na foz do rio Almendares. Protege os bairros Havana Velha, Centro Havana e Vedado, o coração histórico da capital. Nada menos.

Como seria chegar a Havana pelo oceano? Ela foi construída voltada para o Caribe, para receber os navios com seus passageiros. Desembarquei no aeroporto José Martí, lá do outro lado, no meio do campo, entre vacas e lavouras. Cheguei pelas costas, cauteloso, como todos os que vêm do além-mar.

Não tive a sensação de ver a cidade surgir no horizonte. Os marinheiros, afeitos ao seu ofício, percebiam ao longe a fumaça que saía das chaminés das usinas de açúcar, um grande barco a vapor. O barco se esvai nos arranha-céus, nas fortalezas ao longo da costa, no Malecón. Primeira estrutura a ter contato com os visitantes, ele agora é a última. Durante as grandes tempestades, na temporada dos furacões, as ondas ultrapassam o muro, atingem a avenida e os edifícios do outro lado. Inundam tudo, salpicam a vida de salitre e iodo. Era julho, os furacões estavam a caminho, eu estava na trilha deles, mas por hora o céu permanecia limpo. O Wilma havia danificado parte do Malecón, agora restaurada. Ficou melhor. As tormentas, com seu poder destrutivo, reformam a cidade.

Em uma dessas caminhadas, cansado de tanto andar, atravessei a avenida Maceo e fui olhar a construção em homenagem às vítimas do Maine. Até a Revolução, uma águia adornava o topo do monumento. Em um dos lados está escrito: "Às vítimas do Maine que foram sacrificadas pela voracidade imperialista em seu desejo de se apoderar da ilha de Cuba".

As guerras pela independência se transformaram numa carnificina, onde morreram 200 mil cubanos e 80 mil espanhóis. Em 1898, com o pretexto de proteger os cidadãos norte-americanos que viviam na ilha, os Estados Unidos enviaram à Cuba o *USS Maine*, um grande navio de guerra.

Historinha velha, né? Mas funciona. Até hoje.

Pouco mais de um mês ancorado em Havana, o barco explodiu. Morreram 266 marinheiros ianques. Sem que soubessem a causa da tragédia, começaram as acusações. Os espanhóis acusavam os líderes cubanos, o governo cubano acusava Washington, que desejava um pretexto para invadir a ilha, e os Estados Unidos culpavam a Espanha. O povo cubano no meio.

Historinha mais velha ainda, né? E também funciona.

Fosse qual fosse o motivo, a Casa Branca declarou guerra a Madri e passou a atacar territórios espanhóis no Caribe e no Pacífico. O presidente William McKinley assinou a Resolução Conjunta, que declarava:

> O povo de Cuba é e por direito deve ser livre e independente, [e] os Estados Unidos, por intermédio da presente, declaram não ter vontade nem intenção de exercer soberania, jurisdição ou domínio sobre esta Ilha, exceto para sua pacificação, e assevera sua determinação, quando a mesma seja atingida, de entregar o governo e o domínio da Ilha a seu povo.

Derrotada, a Espanha assinou com os Estados Unidos o Tratado de Paris. O ato, para o qual nenhum cubano foi convidado, pôs fim à dominação espanhola na ilha, que se tornou um protetorado norte-americano. Após um século tentando comprar Cuba, Washington agora a tinha de graça. Para administrá-la foi nomeado, como governador-geral, o general John Brooke. Que se aboletou no *Palacio de los Capitanes Generales*, atual museu da cidade.

Tempos antes, o secretário de Estado John Quincy Adams, citando a Doutrina Monroe, que proclamava que a América era para os americanos — do Norte? —, havia declarado que Cuba, como uma maçã madura, deveria gravitar em direção aos Estados Unidos tão logo se libertasse da Espanha.

Havia chegado a hora, e os novos imperialistas não perderam tempo.

A Casa Branca determinou que a ilha só podia exportar seus produtos para os Estados Unidos, a preços baixíssimos, que os revendia por valores maiores. Bom negócio. Como previra José Martí, mudaram apenas as moscas... As medidas draconianas adotadas pelo novo colonizador revoltaram a população, e outro movimento de libertação teve início.

Para contornar o problema, Washington aceitou a independência de Cuba, desde que fosse incluído na Constituição do país um artigo que autorizava o Exército dos Estados Unidos a intervir na ilha a qualquer momento, sempre que os seus interesses econômicos fossem ameaçados. E que, para proteger o canal do Panamá, os norte-americanos ficariam, para sempre, com uma base naval em Guantánamo.

Os cubanos tinham o direito de escolher, afinal se tratava de proposta vinda de um país democrático: podiam aceitar a semi-independência ou continuariam colônia. Dos males, optaram pelo menor. Deixava esperanças para uma libertação futura. E de esperança o povo de Cuba entende bem.

Isso foi em outro século, mas a ronha entre as duas nações prossegue. Melhor continuar meu passeio pela cidade. Voltar ao hotel, uma longa caminhada noite adentro. Quando estava cansado além do normal, deixava o Malecón e atalhava pelas ruelas internas do bairro. Saía direto no Lido.

As calçadas sempre repletas de gente. As casas no centro são desconfortáveis, famílias enormes se acomodam em poucos lances, alguns edifícios parecem cortiços. Melhor sentar na rua. Ou ficar namorando pelas esquinas, como faziam alguns retardatários. E como namorar em Havana é algo bem mais *caliente* do que apenas sair por aí de mãos dadas, vagar pelo bairro, àquela hora da noite, era uma aventura pra lá de excitante.

Dava gosto andar sem pressa, muitas vezes cheguei ao hotel de madrugada. Trocava uma palavra com um aqui, outra com outro lá. Assim me ia. Eu não estava mais habituado a passear à noite. Era isso. Nas primeiras semanas estranhei, mas a gente se acostuma a tudo, até a caminhar sem medo pelas ruas de uma cidade.

18

Fundación Destilera Havana Club

Os quiosques, no pátio interno, vendiam coquetéis de rum com suco de frutas. Preferi outra especialidade da casa: café cubano. A xícara veio acompanhada de um copo com rum Añejo Reserva — juro que não sabia! — e um Quintero, que pude escolher no umidificador do Bar Havana Club. A delicada seleção dos fumos de Vuelta Abajo faz do Quintero o charuto ideal para quem deseja entrar no mundo dos puros cubanos.

 O complexo cultural é administrado pela Havana Club International, uma *joint-venture* entre a estatal Habaguanex e o conglomerado francês Pernod Ricard, uma das maiores companhias de bebidas alcoólicas do mundo, detentora de marcas como Chivas Regal, Seagrams, Wyborowa e Ballantines, entre dezenas. Além do lugar muito simpático, lembra velhos conhecidos.

 Criada para divulgar a marca Havana Club, sucessora da Bacardí em Cuba, e seu vínculo cultural com o país, a fundação ocupa um palácio do século XVIII em Havana Velha. Além dos quiosques no pátio, o edifício em estilo colonial abriga uma galeria de arte, um museu, um bar de degustação, uma loja, um restaurante com música ao vivo e uma escola de dança.

Comecei a visita pelo Museo del Ron, reprodução de um engenho tradicional. Acompanhei o processo de fabricação da bebida, desde o momento em que a cana-de-açúcar é plantada até o envelhecimento em barris de carvalho, passando pela colheita, esmagamento e destilação.

O acervo tem alguns trapiches usados no período colonial, uma locomotiva fabricada em 1902 e uma maquete que reproduz, em detalhes, uma central açucareira. As maquetes, como sempre. Com um trenzinho que corria sobre os trilhos, apitando e largando fumaça, e as luzes do engenho acendendo e apagando, até parecia um prédio de verdade. Coisa de criança.

Ganhara um prêmio por aí, não lembro onde. O problema dessas visitas guiadas é que a gente esquece a metade das informações despejadas sobre nós.

No final pude observar o processo de elaboração do rum: fermentação, filtragem, *añejamiento* (envelhecimento) e mesclamento. A qualidade do Havana Club é determinada pela mistura de runs de diferentes idades, um segredo que só os técnicos conhecem e que determina o caráter único da bebida. Foi um passeio embriagante.

Visitado o museu, passei para o bar de degustação. Herdeiro do primeiro bar Havana Club, recria o ambiente típico das melhores bodegas dos anos 1930. Antigo local de encontro de artistas, escritores e boêmios, hoje serve para os visitantes saborearem as diferentes versões deste rum, ganhador de muitos prêmios internacionais.

Dispensei o Havana Club Añejo Blanco, que eu conhecia dos coquetéis, e comecei pelo Havana Club Añejo 3 Años. Ligeiramente dourado e brilhante, com leve aroma açucarado e notas de caramelo, baunilha e madeira, tem um sabor delicadamente doce; lembra baunilha e chocolate. Está entre a coquetelaria e a degustação, ideal para ser tomado com gelo. Como gosto de bebidas amargas, acrescentei uma rodela de limão e um cubo de gelo. Perfeito.

O Havana Club Añejo Reserva, provado com o café e o charuto antes de começar a visita ao museu, é famoso pela cor âmbar, quase pêssego. Possui um sabor delicado. O aroma floral lembra baunilha, café, cacau, fumo amarelo e notas mais fortes de madeira. Vai bem com um cafezinho. Experimente.

Meu preferido, velho conhecido das noites no Malecón, o Havana Club Añejo 7 Años tem cor âmbar e transparente, com notas de envelhecimento natural e um toque de frutas secas e madeira de bosque. De sabor delicioso, buquê delicado e com grande nitidez, é ideal para beber puro. Como um bourbon, estilo *vaquero*.

O Havana Club Añejo 15 Años Gran Reserva, criado a partir da seleção das melhores reservas, fruto de um longo processo de envelhecimento, e o Havana Club Solera San Cristóbal, edição especial da marca, deixei para outra ocasião. Quando tivesse dinheiro e sobriedade para degustá-los como merecem.

Passei para a loja, onde me ofereceram garrafas dos melhores runs e caixas dos melhores charutos, além de uma série de suvenires como discos, livros, copos, camisetas e muito mais, todos com a marca Havana Club, como manda o bom marketing da economia capitalista moderna. Não comprei nada, sou anticonsumista. Anticonsumista.

Antigamente havia um sorteio entre os visitantes do mês para ver quem ganharia uma garrafa de Solera San Cristobal, a versão mais cara do rum, vendida apenas ali. Foi criado para comemorar os 480 anos de fundação de Havana, um presente para os governantes que visitam o país. A promoção foi suspensa. Seria a única maneira de provar essa bebida, cada garrafa avaliada em centenas de euros.

    Passava do meio-dia quando cheguei ao restaurante. Parece que havia música ao vivo. Dispensei os aperitivos e pedi logo o almoço. Devia estar bom, do contrário me lembraria da comida.

19

El Capitolio Nacional

Havia um cybercafé no Capitolio, onde a hora de internet custava bem menos que nos hotéis de luxo, mesmo assim bem acima do preço médio que se paga nos países latinos, asiáticos e africanos. A conexão era lenta, quase sempre havia fila, mas o ar-condicionado da sala onde estavam os computadores era um oásis no tórrido verão.

Ao pagar para usar a internet eu tinha acesso, de graça, ao interior do prédio, o mais bonito de Havana, uma das obras de arte da arquitetura universal, ícone do país. Diante desses edifícios, todos restaurados, me perguntava por que as fotos que vemos da cidade mostram prédios decrépitos?

Após exibir o passaporte e pagar a internet, eu subia a monumental escadaria, cruzava as grandes portas de bronze e saía no hall, em frente à estátua da República. Com dezessete metros de altura e pesando 49 toneladas, é a terceira maior imagem de bronze exposta dentro de um prédio em todo o mundo. A maior é a estátua de Abraham Lincoln, em seu memorial, em Washington. *Of course.*

Checados os e-mails, aproveitei para bisbilhotar as salas e os corredores, iluminados com lustres fabricados para eles. Pinturas, tapetes e esculturas decoram os amplos espaços; sem contar as próprias colunatas e paredes, minuciosamente trabalhadas. Demorava-me na biblioteca e nas duas salas parlamentares: a do Senado, em um dos cantos do edifício, e a da Câmara dos Deputados, no outro; mobiliadas e revestidas com madeiras de lei, entre elas o mogno.

Um dos mais belos exemplos de art nouveau em todo o mundo, a planta do Capitolio Nacional se assemelha ao de Washington, embora o prédio cubano seja mais rico em detalhes. Belos jardins nos dois pátios internos proporcionam luz e ventilação para os gabinetes do terceiro e quarto andares. Existe ainda um pequeno andar que dá acesso à cúpula.

Ela foi inspirada na cúpula do Panteão de Paris e construída nos Estados Unidos. Está fixada acima da fachada do edifício, permitindo mais espaço interno na parte traseira do prédio. Com 62 metros de altura, foi o ponto mais alto de Havana até a década de 1950. Embaixo dela, fixado no chão, há a réplica de um diamante com 24 quilates. As distâncias entre a capital e as cidades do interior são calculadas a partir desse ponto.

Nesta cidade épica, impossível falar dos seus recantos sem cair na história. Para cada lado que se olhe o passado salta, rebelde, pedindo espaço na atenção do visitante. Que fazer senão parar, consultar os manuais e ver do que se trata? Havana, mais do que percebida, é uma cidade para ser lida. As conclusões? Bem, cada um tira as suas, de acordo com suas conveniências.

A construção do Capitolio, iniciada pelo ditador Gerardo Machado em 1929, levou três anos, dois meses e vinte dias para ser concluída, e nela trabalharam cinco mil operários. Quando pronto, se tornou a terceira maior casa parlamentar em todo o mundo. Suas janelas e sacadas são ótimos pontos de observação da vida cubana. Além de ver o que se passa nas ruas lá embaixo, o lugar é privilegiado para fotografar os prédios ao redor.

Com a Revolução passou a sediar o poder executivo. Um luxo do qual os barbudos não abriram mão. Após anos de sofrimento nas montanhas, nada melhor do que se refestelar num grande palácio. A mordomia durou pouco, no entanto. Nos anos seguintes o governo foi transferido para o prédio do Comitê Central do Partido Comunista de Cuba, na Plaza de la Revolución, onde se reúnem o Conselho de Estado e o Conselho de Ministros, ambos presididos por Raúl Castro.

Os 589 deputados da Assembleia Nacional se reúnem, duas vezes por ano, no Palacio de las Convenciones, em Cubanacán, um bairro da periferia. Um dos mais dramáticos prédios da moderna arquitetura cubana, o palácio foi construído em 1979 para sediar a Conferência dos Países Não-Alinhados. Não há mais a necessidade de um prédio fixo, pois os parlamentares, eleitos pelo povo, não são remunerados nem têm gabinetes próprios.

O Capitolio Nacional hospeda a Academia Cubana de Ciências e a Biblioteca Nacional de Ciencias e Tecnología, além de exposições de pintura, escultura e produtos artesanais.

Sem contar a central de internet.

20

El Floridita

ERNEST HEMINGWAY, ele mesmo. Ali, ao meu lado. Em tamanho natural. Estava em pé, escorado no balcão, um pouco encurvado; aquele meio-olhar de quem bebeu todas e não ficou enfastiado. O velho continuava firme. Um bronze.

O clássico de Hemingway é a história tocante sobre um pescador que faz a sua viagem mais extrema pelo mar. Semanas e semanas sem pescar, ele finalmente tem sorte. Mas é uma primeira impressão. O peixe é grande, vira o barco. Irá sobreviver e segurar o peixe que lhe daria o dinheiro necessário e traria de volta a reputação? A história continua ao estilo de Hemingway: desprovida de expressões extraordinárias, contada de forma realista e sucinta. Inicialmente, nada parece acontecer, mas o leitor precisa ir mais longe e ver as lacunas entre as linhas. Elas contam tudo.

Li isso em algum lugar. Deve ter sido na internet. Hoje em dia, tudo que sabemos vem da internet. Um passar do mouse e nos tornamos eruditos. Como escrevi de memória, devo ter corrigido alguns erros do texto original. Espero que o autor não se ofenda.

O bar estava na penumbra e o ar-condicionado deixava o verão além da porta. O sacudir das coqueteleiras, os risos nas mesas, a fumaça dos charutos, o amendoim torrado, os pedidos repassados pelos garçons, o cheiro de álcool, o tilintar das taças — Havana era uma festa.

O problema eram os turistas. Minuto a minuto, eles vinham em minha direção, posavam ao lado da estátua de Hemingway e pediam para que lhes tirasse uma foto. Alguns chegavam em grupo, eles mesmos se fotografavam; flashes para todos os lados. Troquei de banco, assim não estragaria as fotografias.

O garçom Constante Ribalaigua colocou El Floridita na história da coquetelaria internacional ao usar gelo picado para criar uma bebida à base de rum claro com suco de limão e açúcar. Batizado de daiquiri, homenageava a localidade de Daiquiri, onde os soldados norte-americanos desembarcaram após vencer os colonizadores espanhóis, e assumir o lugar deles.

Na década seguinte, Hemingway chegou a Havana e se apaixonou pelo drinque. Em sua homenagem, foi criado o Papa Hemingway Especial. Assim contam. Deve ser verdade. As lendas são sempre verdadeiras. Pelo menos, mais verdadeiras do que as histórias oficiais. Não só em Cuba.

Para conferir o gosto do escritor pedi um Papa Hemingway. Além do rum claro, limão e gelo picado, comum a todo daiquiri, veio com suco de toranja (pomelo) e marasquino (licor destilado do produto da fermentação do suco e das sementes trituradas da marasca).

Hum... hum. Hum? Hum!

Solicitei a receita ao garçom, e aí vai, de graça (já disse que quando bebo fico generoso?): 60 ml de rum Havana Club Añejo Blanco, 15 ml de suco de limão, 16 ml de toranja, 8 ml de marasquino e gelo picado.

Como tudo que se prova a primeira vez, tinha um sabor estranho; mas acabei gostando. Contam os mais velhos que o recorde de Hemingway foi de treze doses — duplas — numa única sentada. Nesse quesito sou como o estilo dele: enxuto. Enxugo todas. Temos isso em comum.

No começo fui simpático com a turistada, até repetia os ângulos. Tirava fotos na horizontal, na vertical. Verificava no visor e se não havia ficado bom mandava posarem de novo e clicava mais uma vez. Eles adoravam. Em retribuição, um Papa Hemingway.

Mas lá pelas tantas desisti da companhia de Hemingway. Peguei o copo e fui sentar na outra ponta do balcão, longe dele. Que me desculpasse, mas ele estava sendo desagradável com aquele bando de gente em volta. Gosto de beber em silêncio, meditando.

O El Floridita, aberto em 1817, sempre foi um bar famoso. Agora então, com aquela frase do Hemingway na fachada — *mi daiquiri en El Floridita* —, está sempre cheio. E obedecendo à lei da oferta e da procura, tem o daiquiri mais caro da cidade: três vezes o preço dos outros bares. Puro capitalismo selvagem. Graças ao gringo norte-americano.

Lá estava ele, cotovelo apoiado no balcão; e me olhava de forma um pouco estranha. Pareceu-me balançar a cabeça, num gesto de fina desaprovação. Estaria chateado com os turistas ou com ciúmes das minhas doses duplas de Papa Hemingway? Tempo perdido, meu velho. Eu nem estava gostando da bebida. Meio doce. Prefiro um trago mais amargo.

Os garçons do Floridita, com seus coletes vermelhos, eram atenciosos. Por ora, isso era o que importava. Meu pai sempre dizia: garçom e chefe de trem se deve tratar bem. Até dei gorjeta. Pouca, mas dei. O que vale é a intenção, sempre ouvi dizer. Em certas situações sou adepto dessa filosofia barata.

No retorno do banheiro pedi um daiquiri Rebelde, gosto de hortelã, e voltei para o banco ao lado de Hemingway. Ele permanecia do mesmo jeito. Outro duplo, por favor. Com canudinho e tudo. O ser humano é capaz de se adaptar a qualquer realidade. Não é assim? Não foi o que aconteceu com aquele velho no mar? Até que o mote foi bom, hein? Mas deveria ter ficado mais claro que o livro foi inspirado num país real. Numa vila real. Num cara real. Pobre Gregório Fuentes. Ganhou algum cachê?

Ora, dane-se a realidade! Que diferença faz? A realidade é algo que não deveria ter acontecido. Apenas isso.

É verdade. Sim, mais um Rebelde, por favor. Duplo. É verdade.

Aliás, por falar em verdades, tenho uma bem desagradável, meu chapa: não existe mais neve no cume do Kilimanjaro. Ah, e nem leões. Bem, esses, nunca existiram. Que história ridícula. A carcaça de um leão no cume do Kilimanjaro! Escalei a montanha duas vezes, por duas vias diferentes, e nada. Tudo mentira. Gregory Peck, Susan Hayward e Ava Gardner no Kilimanjaro. Que devaneio!

Ficção. Algo que poderia ter acontecido. Apenas isso.

Até pode ser.

Foi.

Mais um Rebelde. Duplo, por favor.

E por falar em leões, quantos você matou no Maniara? Agora a caça está proibida nos parques africanos, mas os leões do Maniara nunca mais voltaram. Eu sei, por diversas vezes estive lá, e não vi.

Laboratório.

Ah, não me venha falar em laboratório!

Não?

Para ser escritor não precisa viver assim, cometer essas loucuras. Guerras, montanhas, viagens, paixões, porres, cidades estranhas, aventuras. Que é isso? O mundo evoluiu, meu caro. Agora, para ser escritor, basta ler os clássicos e reescrever as histórias. Releitura. Você já ouviu falar em releitura?

    Rele o quê?

    Ah, esquece. Treze duplos, hein? Grande coisa!

21

US Interest section building

MEU FOCO era o pôr do sol. Para fotografá-lo, escolhi o melhor lugar ao longo do Malecón. A baía faz uma curva e dali eu ficava de frente para o mar, sem terra ou edifícios obstruindo a visão. Nada mais natural.

Mas não para os policiais.

No outro lado da avenida, em frente à Plaza Tribuna Antiimperialista, popularmente conhecida como *Protestódromo*, há um grande edifício, dos mais altos da cidade, protegido por guardas dentro e fora das guaritas. Apitaram, gritaram, mostraram os fuzis, e eu concentrado na paisagem. Maior confusão. Policial por todo lado, e eu ali: nem aí.

Até que me dei conta: era comigo! Recolhi a câmera, que estava no tripé sobre o muro, e fiz menção de atravessar a rua, em direção ao policial mais perto; saber afinal o que ele queria de mim.

Nem pensar. O sujeito deu um salto para trás, empunhou a arma e fez sinal para eu parar. Entendi. Para um bom entendedor, bastam alguns fuzis apontando em sua direção.

O guarda mandou, com gestos bruscos, que eu saísse dali, voltasse no sentido da entrada do porto. Um pouco mais à direita, outro guarda apitou. À esquerda, havia um terceiro. Acho que já era meia dúzia. Furiosos. Ah, pra quê! Falei que não sairia, desejava apenas fotografar o pôr do sol, eles que não me enchessem a paciência. Detesto esse tipo de gente. Pessoas armadas me irritam. Um deles fez sinal para eu seguir em frente, que fosse para o outro lado, para onde quisesse, mas saísse dali. Notei que o Malecón estava cheio de gente, exceto no trecho onde me encontrava: em frente ao grande edifício.

Lembrei que por ali ficava o prédio da representação americana. Deveria ser o tal edifício o motivo de tanta neurose. Afastei-me alguns passos, os guardas voltaram para as guaritas e pude fazer minhas fotos.

Washington não mantém relações diplomáticas com Havana e o suntuoso prédio é uma aberração na cidade. Mas nem sempre foi assim.

Com a proclamação da República de Cuba, em 1902, o país entrou num período de efervescência política. Marcado pela corrupção e golpes de Estado, os governos se sucediam conforme os interesses dos Estados Unidos. Sempre que a população se revoltava, a cavalaria era chamada, os militares intervinham na ilha e acabavam com as manifestações populares. Estava na Constituição, tudo dentro do padrão democrático.

Em troca de tanto apoio, o ditador Gerardo Machado chegou a manipular o júri de um concurso de *danzón*, só de ritmos caribenhos, para o embaixador dos Estados Unidos conquistar o primeiro lugar. Gosto de imaginar a cena. Não do cara dançando, não sou tão sádico assim; mas dos risinhos sufocados em volta do salão.

Bueno. Em pouco tempo as empresas norte-americanas se tornaram donas de dois terços das terras produtivas e da maioria dos recursos minerais de Cuba. A indústria açucareira estava no auge e as riquezas pareciam inesgotáveis. Com a Lei Seca decretada nos Estados Unidos, os chefões da máfia se transferiram para a próspera Cuba e transformaram Havana num centro de jogatina, álcool e prostituição.

Veio a Grande Depressão. A economia cubana, dependente do mercado norte-americano, entrou em colapso. As revoltas populares aumentaram e a ditadura de Gerardo Machado elevou a repressão a níveis insuportáveis até pelos soldados de baixa patente.

Em 1933, um golpe militar encabeçado pelo sargento Fulgencio Batista derrubou Machado. Batista era mulato, finalmente os afrodescendentes chegavam ao poder. Ele se tornou chefe do Exército e mais tarde se elegeu presidente da República com o apoio do Partido Comunista. Promulgou uma Constituição liberal e fez algumas reformas sociais no país.

Nos anos seguintes, presidentes-fantoches, eleições fraudulentas e jogos de interesses particulares trouxeram ineficiência administrativa, corrupção política, prostituição, tráfico, contrabando e todo tipo de mazelas à sociedade cubana. A situação fugia do controle.

A máfia norte-americana, que poucos anos antes, em reunião no Hotel Nacional, optara pela volta de Fulgencio Batista, reuniu-se com ele em Daytona Beach, na Flórida, e decidiu que o general deveria reassumir, e já, o que ele fez com um novo golpe militar.

Os milicos tomaram o poder três meses antes da data marcada para a eleição presidencial, provocando nova confusão. Apesar de condenado pela oposição cubana, o novo governo foi reconhecido pelos Estados Unidos.

Batista, a Máfia e a Casa Branca estavam uma vez mais no comando do bordel.

Mas não por muito tempo.

22

Hotel Sevilla

Há uma na galeria entre o Prado e o saguão do hotel Sevilla, onde troquei dinheiro a primeira vez. A cidade está cheia de casas de câmbio, quase uma em cada esquina, mas sempre usava a Cadeca no Sevilla. Fica pertinho do Lido e eu gostava de visitar o prédio histórico.

Elas não vendem moeda nacional, mantendo-me longe dos pesos cubanos que poderiam me abrir as portas dos restaurantes, bares, cinemas, táxis, ônibus e casas de show a preços subsidiados. Se ao menos houvesse câmbio negro. Às vezes eu sentia falta dos cambistas, dos meninos de rua pedindo dinheiro nas sinaleiras, dos mendigos dormindo na calçada, dos flanelinhas. Mas nada. Cidade estranha, essa Havana.

Mas não havia desistido de usufruir os benefícios que a Revolução trouxera aos cubanos. Minha antiga simpatia pelo Comandante me dava esse direito. Era o que eu imaginava. E assim deveria ser. De alguma forma eu conseguiria moeda nacional. Acho.

Construído no início do século passado, em estilo colonial mourisco, restaurado pelo grupo francês Sofitel, que o administra em conjunto com a estatal Gran Caribe, o Sevilla é uma das joias da hotelaria havanesa. Ocupa um quarteirão no Centro, os hóspedes tomam banho na piscina apreciando os pedestres nas calçadas em frente.

Há um magnífico restaurante no nono andar, onde tomei café ao som de um violinista tocando *As time goes by*. Fiz isso enquanto observava, nos terraços dos prédios lá embaixo, recortados no azul do céu caribenho, os moradores em suas atividade triviais, entre eles uma senhora que estendia roupa num varal. O sol da manhã logo ampliaria os raios, secando em minutos o que a gorda levara horas para lavar.

O lóbi, repleto de arcadas, colunatas e mosaicos, está decorado com fotografias de hóspedes ilustres. Entre vedetes, atores, esportistas, presidentes, jornalistas, escritores como Georges Simenon e boxeadores como Joe Louis, estão os retratos de Enrico Caruso, Al Capone, Graham Greene e Fidel Castro. Bem, Fidel não foi propriamente um hóspede, mas as fotos dele estão lá, junto com os trabalhadores do hotel, quando ele fechou o cassino que havia no Sevilla, expulsou os proprietários e frequentadores e entregou o prédio ao povo de Cuba. Tudo feito na ponta do fuzil.

Caruso foi um grande apreciador de charutos cubanos. No auge da carreira, recebeu convite para cantar em Havana. Pediu uma fortuna. Um certo Bracale, tipo que em 1904 matara um turco em Istambul, em 1910 era banqueiro no Cairo e em 1915 representava artistas em Havana, levantou o dinheiro com os tubarões da cidade.

Caruso se instalou no Sevilla. Chegou a bordo do vapor *Mascote*, procedente da Flórida, para se apresentar no Gran Teatro de La Habana e no Teatro Nacional, onde foi grande sucesso. Em uma das apresentações da ópera *Aída,* uma bomba estourou no teatro e ele fugiu pelos fundos, entrando esbaforido no hotel ainda vestido de Ramsés.

Ao visitar uma fábrica de charutos, o tenor perguntou às operárias se elas tinham assistido a alguma das apresentações. Como poderiam? Só o binóculo vendido na entrada valia um mês de trabalho.

O napolitano, que na infância cantava nas ruas em troca de alguma moeda, subiu numa mesa e, sem música nem nada, com aquela voz, cantou *La donna è mobile*, da ópera *Rigoletto*. Ao término, foi saudado com palmas e uma chuva de charutos. Sem constrangimentos, abaixou-se e começou a recolher os puros; não deixaria os Romeo y Julieta no chão.

Al Capone alugou o sexto andar, onde estabeleceu o centro de controle da Máfia em Cuba. O gângster e seus asseclas, a partir da ilha, administravam os negócios ilegais nos Estados Unidos, ainda sob os rigores da Lei Seca, além de atrair para a cidade os viciados em álcool, drogas e sexo.

Graham Greene situou no Sevilla parte da história contada no romance *Nosso homem em Havana*. Publicado em 1958, conta a história de Jim Wormold, um inglês que vive na cidade e trabalha como vendedor de aspiradores de pó. Após ser abandonado pela esposa, que fugiu com outro para Miami, ele tem dificuldades financeiras para criar a filha, bela jovem de 17 anos. Para desespero do britânico, ela é assediada pelo capitão de polícia, famoso por torturar rebeldes liderados por Fidel Castro.

Jim Wormold é recrutado pelo serviço secreto inglês. Vendo nisso uma fonte de renda capaz de solucionar sua pobreza, passa a inventar situações e pessoas como desculpa para solicitar mais dinheiro ao governo de Sua Majestade. Estranhamente, as mentiras se tornam realidade, e o que antes não passava de invenção começa a se concretizar.

Apesar de ambientado em Havana nos anos que precedem a Revolução, trata-se de uma sátira envolvendo a dinâmica da espionagem e dos serviços secretos, temas comuns nas obras de Graham Greene.

Mais tarde ele explicou que gostava de ir a Havana por causa do bar El Floridita, da vida nos bordéis, da roleta em todos os hotéis, das máquinas caça-níqueis derramando pilhas de dólares de prata, do teatro Shangai, onde, por 1,25 dólar, ele podia ver um espetáculo de nus de extrema obscenidade e, nos intervalos, os filmes pornográficos mais pornôs do mundo. Teve a ideia de que ali, na cidade onde tudo era possível, estava o cenário ideal para situar a sua comédia.

Outra história interessante foi protagonizada pela bailarina norte-americana Patricia Schmidt. A foto dela está lá, no saguão. Ela brigou com o amante, foi até o iate dele, ancorado na baía de Havana, matou o cara e voltou para o hotel. Indultada, permaneceu um bom tempo no Sevilla.

Aproveitei uma das idas à Cadeca para tomar um Mary Pickford. O famoso coquetel, feito com rum, suco de abacaxi, granadina (xarope de romã) e gelo picado, foi criado nos tempos áureos do hotel, no bar que ainda existe no Patio Sevillano, anexo ao lóbi. Sentei ao lado da fonte de água e bebi o drinque ouvindo um trio musical interpretando tradicionais salsas caribenhas.

Caso Graham Greene, Enrico Caruso ou Al Capone entrassem no bar e sentassem ao meu lado, não me surpreenderia. Em Havana, apesar da Revolução, ou talvez por causa dela, tudo continua sendo possível.

23

El Hurón Azul

O REFRESCO DE limão estava gelado, mas um pouco doce. Só não esperava um preço tão salgado. Pagar dois pesos convertíveis por uma limonada, pombas! Mesmo assim pedi outra, sem açúcar, para espanto da garçonete. Estavam me extorquindo, que satisfizessem meus gostos.

O bar, no jardim do belo prédio da tradicional União de Escritores e Artistas de Cuba, estava vazio, embora a UNEAC seja um dos centros mais importantes da vida intelectual do país. Talvez fosse o calor, exagerado até para os cubanos. Esse era um assunto corrente sempre que conhecia alguém na cidade. O tempo, dizem, é o tema mais comentado no mundo; bom para iniciar uma prosa. Em outros países pode-se começar pelo futebol, mas cubano só gosta de beisebol.

No sobrado havia algumas pessoas, e a sala dos computadores, no outro lado do jardim, estava cheia de internautas. Infelizmente eu não era sócio — como poderia ser? —, por isso não me permitiram usar a internet. Pensei em insistir, aquelas explicações todas, mas achei melhor não.

Em momento algum deixei que soubessem minha condição de jornalista. Até porque, para tal, precisaria de um visto especial, caríssimo e demorado. Viajo sempre com visto de turista. Minha passagem pela cidade deveria ser o mais "extraoficial" possível.

Estávamos no final da tarde. Havia passado o dia percorrendo alguns locais interessantes no bairro, merecia um descanso naquelas sombras. O jardim era bonito, grandes árvores protegiam do sol, havia até uma aragem vinda do mar. Tratei de relaxar. Apesar do preço da limonada.

Pela manhã havia visitado o Conjunto Folklórico Nacional, onde são ministrados os melhores cursos de danças como salsa, rumba e mambo. Os percussionistas são babalaôs e as aulas, um misto de dança e religião. Começam nas primeiras segundas-feiras de janeiro e julho, e custam em média 500 pesos convertíveis por semestre. O aluno precisa fazer um teste para selecionar em qual dos quatro níveis do curso ele pode entrar.

Não era para mim.

Eu imaginava assim uns 15 minutos de aula prática e pronto. Uma hora, no máximo. Talvez uma continuação por correspondência. Poxa, no Brasil existe até faculdade por correspondência! Mas ficar um semestre em Havana estudando dança, com aulas diárias? Esses cubanos levam esta coisa de arte muito a sério.

Almocei no pequeno bar no subsolo do Centro de Prensa Internacional, onde pude conversar com alguns jornalistas estrangeiros, muitos espanhóis, e depois fui conhecer o Museo de Artes Decorativas, em cujo pátio são ministradas aulas de ioga.

Zen demais.

Demorei um pouco no Museo de Danza, entretido com as roupas utilizadas pelos bailarinos, inclusive algumas peças vestidas por Alicia Alonso, e completei o passeio no teatro Amadeo Roldán. Construído em 1922, o magnífico prédio serve de sede para a Orquestra Sinfónica Nacional e já foi palco para Egberto Gismonti.

O refresco de limão é muito popular em Havana, mas o problema era o de sempre: eu não tinha moeda nacional. Queria comer algo, mas no bar só havia alguns sanduíches que não tive coragem de provar. Olha: para isso acontecer! Deixa assim.

Nas quartas-feiras há no jardim apresentação de rumbas; no sábado, de boleros; e nas quintas-feiras, em semanas alternadas, jazz e trova. Não estávamos em nenhum desses dias, para meu azar. O ministro da Cultura, Abel Prieto, que costuma frequentar o lugar, não apareceu com seu cabelo cortado rente na parte de cima e dos lados — e comprido atrás.

Pernas pra que te quero. Conhecem, né?

Passei pela Gran Sinagoga Bet Shalom, a mais importante das três que existem em Havana, onde esperava conhecer um pouco da história dos judeus em Cuba, mas estava fechada. O Vedado é um bairro grande, conhecê-lo acabava com minhas forças físicas. Estava em frente ao modernoso prédio do Café Teatro Brecht; resolvi descansar.

Eu tinha uma longa caminhada de volta ao hotel, melhor esperar o sol ficar mais fraco. Voltaria pelo Malecón, e a melhor hora de percorrê-lo é no começo da noite.

Voltaria outro dia ao El Hurón Azul. Assim que conseguisse moeda nacional.

24

Hotel Nacional

Para Alejo Carpentier se tratava de um Castelo Encantado. O escritor cubano sabia do que falava, logo percebi. Conhecer o prédio em estilo neoclássico do Hotel Nacional, um dos monumentos da cidade, e se perder em seu lóbi, já valeria uma visita a Havana; mas isso nem foi o mais importante.

Caminhar pelos corredores onde passaram Winston Churchill, Errol Flynn, Ava Gardner, Marlon Brando, Clark Gable, Meyer Lansky, Lucky Luciano, duque de Windsor, reis e presidentes... identificados com plaquinhas de bronze, igualmente valeria a visita; mas isso também não foi o mais importante.

Hospedar-se no mais caro, charmoso e bem localizado hotel da cidade, frequentar as piscinas, os restaurantes, os bares, as adegas, as quadras de tênis ou assistir a um show no sofisticado Cabaré Parisién seria outro motivo para visitar Havana; mas nem isso é o mais importante.

Quando o sargento Fulgencio Batista derrubou Gerardo Machado, trezentos oficiais leais ao ditador deposto foram buscar abrigo no hotel, onde morava o embaixador norte-americano Sumner Wells. O senhor embaixador, para decepção dos militares pró-Estados Unidos, tão logo soube da incômoda companhia fugiu pelos fundos. As tropas de Batista invadiram o prédio e prenderam os resistentes. Após se entregarem, muitos foram executados.

No filme *Havana*, dirigido por Sydney Pollack, Meyer Lansky diz com orgulho que eles inventaram Havana e podiam "mudá-la" para qualquer lugar, caso Fulgencio Batista não conseguisse manter os negócios sob controle. Exageros à parte, o mafioso não estava de todo errado.

Em 1946, Meyer Lansky e Don Salvatore Lucky Luciano, dois capos da Cosa Nostra, coordenaram, no Hotel Nacional, o maior encontro de mafiosos norte-americanos da história. Lucky Luciano havia passado dez anos na cadeia. Solto, foi expulso para a Itália, longe dos negócios. Queria voltar a Nova York, e o porto mais próximo era Havana. Os amigos o receberam com um presentinho de 200 mil dólares, utilizados para se tornar sócio de Meyer Lansky e Fulgencio Batista no cassino que então havia no hotel.

As reuniões, em clima de partilha de poderes, onde foram decididas as mortes de alguns chefes e a ascensão de outros, foram encerradas com um concerto de Frank Sinatra. *Tutti buona gente.*

Decidiram ampliar o tráfico de drogas e a prostituição e construir mais cassinos. Desde a época de Al Capone a cidade era um playground etílico-sexual para os endinheirados e famosos do continente, e a nova geração de gângsteres deu continuidade aos negócios.

Para levar a estratégia adiante, precisavam que Fulgencio Batista voltasse ao poder, o que aconteceu poucos anos depois, quando ele comandou um segundo golpe militar e derrubou o presidente Carlos Prío Socarrás. Apoiado pelos Estados Unidos e pela Máfia, e fraudando eleições após eleições,

Batista se manteve na presidência até a vitória do Exército Rebelde, quando fugiu da ilha com 300 milhões de dólares.

Apesar do significado que o Hotel Nacional tem não só na história de Cuba como na dos Estados Unidos, o melhor da visita foi sentar no jardim, ao lado de um quiosque de bebidas, e tomar uma cuba-libre apreciando a paisagem: o Malecón e as águas do Pacífico ficam logo abaixo.

O Nacional foi construído num promontório onde havia um forte utilizado para impedir a entrada dos piratas na baía de Havana. Muitos dos canhões da época colonial estão espalhados pelos jardins, um toque nostálgico no ambiente.

O sol foi desaparecendo mar adentro, a brisa oceânica passou de suave a forte; a bebida descia geladinha. Um pouco adiante um trio musical entretinha um grupo de hóspedes com salsas, rumbas, mambos, *sucu-sucu*, trovas, boleros e chá-chá-chás.

Não acredito em assombração, mas que elas existem, ah, isso existem; e o jardim estava cheio delas. Podia ouvir, entre um acorde e outro, gritinhos histéricos de vedetes, galanteios de bons vivants, ordens de homens poderosos, sussurros de guarda-costas. Se aguçasse um pouco mais o ouvido perceberia as vibrações do caminhar apressado dos garçons servindo daiquiris, mojitos e cubatos.

Ninguém fumava, mas o ar estava impregnado de tabaco. Frank Sinatra cantava Ava Gardner no jardim. O embaixador Sumner Wells, nada bem, fugia de Fidel. Lucky Luciano reclamava da sorte, perdia na roleta. Winston Churchill explicava que nunca tantos estiveram nas mãos de tão poucos. Alejo Carpentier, carpindo a grama, pediu a Churchill que parasse de discursar. E que, por favor, descesse da mesa.

Será que eu havia bebido demais? Saravá, meu pai. Melhor cair fora antes que me levem junto.

25

La Bodeguita del Medio

Não há mais lugar para fotografias ou assinaturas. As paredes estão cobertas pelas marcas dos frequentadores que, ao longo dos tempos, deram ao local o título de bar mais famoso do mundo. Salvador Allende, Fidel Castro, Nicolás Guillén, Harry Belafonte e Nat King Cole foram alguns dos que comeram, beberam e deixaram seus autógrafos no velho sobrado.

No começo dos anos 1940, Angel Martinez comprou La Complaciente, um pequeno armazém em Havana Velha, transformando-o em Casa Martinez. Nos anos seguintes, devido ao crescimento do bairro, passou a servir comida aos frequentadores mais assíduos, entre eles o editor Félix Ayón.

Lá pelas tantas, a esposa do comerciante precisou se ausentar, dizem que para extrair um dente, e a cozinha foi assumida por Silvia Torres, *La China*, mulata simpática e hábil nos temperos. Em semanas ela fez do local um restaurante famoso e a Casa Martinez se transformou em La Bodeguita del Medio.

Popularizada no Brasil nos versos de Chico Buarque, La Bodeguita surgiu para o mundo a partir dos mojitos bebidos por Hemingway, lembrados na frase escrita na fachada do prédio, junto com a assinatura do escritor: *mi mojito em La Bodeguita*.

Desde então frequentada por todo tipo de gente, dos turistas aos seguidores de Hemingway, e passando pelos aspirantes a Walt Whitman, é difícil conseguir um lugar junto ao balcão. Mas não impossível. Depende da persistência do cliente, e de uma boa estratégia.

A melhor, passo a passo:

Primeiro: Entrar no bar, sempre lotado. Essa possibilidade não existe se for um final de tarde, então chegue cedo.

Segundo: Se posicionar o mais próximo do balcão.

Terceiro: Começar uma sessão de acotovelamento. Os caras se acotovelam, empurram daqui, empurram dali, mas você não pode desistir. É permitido usar cotoveleiras. Nesse caso, seja discreto.

Quarto passo: Como em Cuba muitas vezes os fins justificam os meios, o que importa é colocar uma mão sobre o balcão. Pronto, você é o cara! Não arrede mais o pé. Quer dizer: a mão. Só, por favor, não suba no balcão. Até pode sair melhor na foto, mas pega mal.

Com esse atestado de posse, se adquire o direito de ficar ali, beber um mojito em pé, cumprir a tradição. Depois é espalhar pelo mundo que frequentou La Bodeguita del Medio.

Conhecida também pela tradicional cozinha *criolla*, resolvi almoçar. Subi as escadas, consegui uma mesa no segundo andar, abaixo da cadeira usada por algum antigo frequentador famoso — ela estava pendurada na parede —, e pedi a oferta do dia: *dos mojitos*, entrante (queijo e azeitonas), *pan y mantequilla, arroz moro, pierna de cerdo asada, vianda frita* (batata-doce frita), *ensalada de vegetales*, postre (marmelada com queijo) e *café*. O preço fazia jus à fama: quinze CUC.

Pedi o mojito com pouco açúcar, como sempre. Para espanto do garçom, como sempre. É sempre assim.

A origem do nome desse trago cubano se perdeu nos tempos, mas a crença popular diz que ele vem de um antigo costume de temperar a carne com *mojo* (suco de limão e alho). O fato de acrescentar suco de limão e folhas de hortelã esmagadas à mistura de rum, água mineral, açúcar e gelo em cubo deu origem a um mojito, isto é, um coquetel com um *poquito de mojo*.

Embora seja a bebida mais popular do país, não simpatizei com ela por igual motivo que não gosto de caipirinha: muito açúcar. Em Havana, bebi apenas quando o ritual assim o requeria. Mas sempre pedia com *un poquito menos de azúcar*.

Um mojito *mojitito*. *En* La Bodeguita.

26

Parque de la Fraternidad

Eu saboreava um *granizado* quando ele se aproximou. O gelo raspado, misturado com licor de morango, estava saboroso. A sombra da grande ceiba melhor. A árvore, plantada num solo formado pela mistura de terra de todos os países americanos, dá ao parque um sentido histórico. Além dela, há bustos dos libertadores de cada nação, entre eles José Bonifácio de Andrade e Silva e, imaginem, Abraham Lincoln. Sem ressentimentos.

Ele não parecia um jornaleiro, mas na prática era. Estava em Havana para tratamento médico. Deveria usar óculos, o doutor havia encaminhado o pedido ao órgão competente. Abel era de Santiago de Cuba, no outro extremo do país, e esperava pelos óculos. Enquanto isso, vendia jornais. Comprei o *Granma*. Edição histórica, a de 27 de julho de 2009.

No dia anterior havia acompanhado, pela tevê, as cerimônias do aniversário do primeiro movimento que desencadeou a Revolução: o ataque aos quartéis em Santiago de Cuba. Cada ano a festa acontece numa cidade diferente, desta vez foi em Holguín, na costa oriental.

A manchete da capa era uma afirmação de Raúl: "*Nuestro pueblo no ha fallado nunca a um llamado de la Patria.*"

O jornal trazia na íntegra o discurso pronunciado pelo general de exército Raúl Castro Ruz, presidente dos Conselhos de Estado e de Ministros. Comemorava os 56 anos do primeiro ataque e os 50 anos da vitória do Exército Rebelde. Mas Raúl não estava sozinho na edição histórica do *Granma*. Na última página do jornal, uma foto dos presidentes Lula e Fernando Lugo ilustrava uma nota sobre "*un histórico acuerdo sobre los reclamos paraguayos en la explotación de la represa hidroeléctrica binacional Itaipú, la de mayor potencial del mundo*".

Voltemos ao assunto principal.

A ditadura comandada por Batista criou uma série de leis que liberavam o crime organizado em Havana, de onde os mafiosos comandavam o tráfico de drogas, a prostituição, os cassinos e todo tipo de negócios ilegais. Até o então senador John Kennedy andou participando de uma orgia no hotel Comodoro, a convite do mafioso Santo Trafficante.

A Máfia dominava também os setores imobiliário, de construção civil e financeiro, sob o olhar complacente da Casa Branca e do Capitólio, para quem a ilha era uma extensão natural do território norte-americano, com a vantagem de que ali os pecados eram permitidos. Em todas essas negociatas, Fulgencio Batista ganhava polpudas comissões.

A oposição política foi varrida na base da tortura e assassinato dos seus líderes, os sindicatos foram extintos e seus dirigentes aprisionados; o movimento estudantil amordaçado.

Enquanto fortunas trocavam de mãos nas roletas, destilarias enriqueciam os grandes proprietários e a corrupção determinava quem obedecia e quem mandava; as famílias mendigavam e as jovens cubanas se prostituíam nas ruas por um punhado de dólares. Havana tinha virado uma zona.

Bem, aí o advogado Fidel Alejandro Castro Ruz achou que já era demais.

Apoiado pelo irmão Raúl Castro e orientado pelo intelectual Abel Santamaría, ele reuniu um grupo de pessoas descontentes com a ditadura e começou a conspirar contra o governo. Para Fidel Castro, não havia solução pacífica. Batista controlava todas as instituições, poucos ousavam fazer oposição.

Eram poucos, mas decididos. Embora não muito mais do que isso.

No dia 26 de julho de 1953, Fidel Castro liderou 119 insurgentes numa ofensiva contra um hospital e uma guarnição do Exército em Santiago de Cuba. Audacioso, porém mal planejado, o assalto foi trágico. O motorista, um cara de Havana, se perdeu na cidade — por falta de sinalização nas ruas. O caminhão, cheio de rebeldes e trafegando na contramão, despertou a atenção de uma sentinela: apesar do uniforme militar, eles usavam sapatos comuns. Dado o alarme, os atacantes foram atacados.

A maioria foi presa, torturada e executada, ali mesmo, entre eles Abel Santamaría. Fidel Castro e alguns seguidores fugiram para as montanhas, sendo pouco depois encontrados pelo tenente Sarría, que tinha ordens para matá-los. "Não atire, você não pode matar ideias", teria dito Fidel. O soldado resolveu prendê-los, salvando Castro e arruinando a própria carreira militar. Por conta disso, a Revolução Cubana passou para a história como a Revolução das Ideias.

(Mais tarde, com a vitória dos barbudos, uma das primeiras ordens de Fidel Castro foi para soltar Sarría, integrando-o ao Exército Rebelde. O local do fracassado ataque foi transformado no Parque Histórico Abel Santamaría. Haydee Santamaría Cuadrado, uma das duas mulheres que participaram dos embates, acabou fundando a Casa de las Américas, uma das mais prestigiadas instituições culturais latino-americanas.)

A captura do advogado repercutiu no país, propaganda para Batista. Mesmo fazendo a própria defesa, um discurso mais tarde intitulado "A história me absolverá", que virou manifesto político, ele foi condenado a 15 anos de prisão.

A vítima havia se tornado culpada. A trágica Cuba tinha um novo herói.

27

Bulevar de Obispo

O GARÇOM ME atacou, isso mesmo, no meio do bulevar de Obispo, a rua mais charmosa da cidade, onde as jovens cubanas passeiam em busca de um marido estrangeiro. Se for rico, melhor. Reservada aos pedestres, com todos os prédios restaurados, concentra os melhores bares, hotéis e restaurantes, quase um ao lado do outro, a começar pelo El Floridita. Há também muitas lojas, mas isso não me chama a atenção.

Fiquei chateado, detesto vendedores exagerados. Procurava um lugar barato para jantar, alguma oferta especial, e por certo não seria no Bar-restaurante La Dichosa, o restaurante sofisticado em frente ao qual ele tentava cooptar clientes. Mas cá pra nós: foi o único sujeito que encontrei em Havana que tentou me vender algo sem que eu solicitasse. Umas liçõezinhas de marketing de vendas não fariam mal aos comerciantes cubanos.

Mas esse cara, ao menos ele, era insistente. Colocou o cardápio diante dos meus olhos e disse que tinha uma oferta especial para aquela noite. Que eu olhasse, não custava nada olhar.

Oferta especial?

Sim: dois drinques, lagosta, arroz moro, feijão preto, salada de pepino, alface e cenoura mais sorvete de sobremesa. Tudo por um terço do preço que constava no cardápio.
Que tipo de drinques?
Podia escolher entre limonada, mojito, cuba-libre, daiquiri ou cerveja nacional: Cristal ou Bucanero.
Entrei.
Na mesa ao lado um casal jantava. Ele, calculei uns 60 anos; ela, não mais de 40. Estavam felizes, me pareceu. Especialmente ela. Sempre que pedia algo, e pedia sempre, dizia: "Meu marido paga."
É falta de educação, eu sei, mas não pude ficar alheio. Riam muito, e as mesas estavam pertinho. Então Fernando se apresentou. O português viera a Cuba em busca de uma esposa. Chegara havia três semanas, conhecera Pilar havia duas e se casaram na semana passada.

Esperavam que o consulado português reconhecesse o contrato de casamento para ela sair de Cuba. Fernando voltaria para Bruxelas na semana seguinte, onde trabalha como motorista. Pilar levará uns seis meses para deixar o país e se encontrar com ele na Bélgica. Só depois ela poderá entrar em Portugal. Exigências de Cuba, para ela sair, e da União Europeia, para ela entrar.
Parabéns!
Ofereceu uma cerveja. Ou qualquer outra coisa que eu desejasse beber. Era tradição na Bélgica pagar uma bebida a alguém que se conheça num momento de felicidade, então eu deveria aceitar.
Aceitei. Não iria quebrar o encanto.
Chegou um casal de jovens. A moça era filha dela; o rapaz, futuro genro. Ficariam em Havana, apenas a esposa poderia viajar. São as leis, disse Fernando. Estavam certas, ele

concordava. Queria apenas a mulher. Os dois apareceram, provaram algo, e logo sumiram. Também me pareceram felizes. Alegres, pelo menos.

Fernando estava embriagado, via-se nos olhos. Confessou ter 71 anos. Elogiei a boa forma, e fui sincero, o cara estava inteiraço. Tinha explicação: trabalhara no porto em Antuérpia, na Holanda, como estivador, por muitos anos. Aos 55, mudara para Bruxelas em busca de trabalho, queria ser motorista; um serviço mais leve. Agora estava quase se aposentando, dinheiro não era problema.

Achei a recém-casada um pouco fora do peso. Nada falei, mas Fernando deve ter lido meus pensamentos. Estava me acostumando com essas habilidades em Cuba, até os europeus já as haviam adquirido. Ele explicou, em português e falando baixo, que ela era meio gordinha, dava para ver, mas ele não se importava. O que contava, ah, ah, é que ela era muito boa de cama. Fazia de tudo, e como! Frente e verso.

Pela expressão marota do rosto pensei que fosse descrever alguma cena picante, mas não. Limitou-se a rir e piscar os olhos. Sugeri que, nesse caso, deveria ter casado com uma negra, são mais *calientes*.

Não, não. Nada disso. Pilar estava na medida certa para os padrões europeus, sabia que os patrões iriam gostar dela. Não era jovem demais para ele. Nem velha: o que ele queria mesmo, e me disse mais baixinho ainda, era alguém que cuidasse dele na velhice.

Nada que o bulevar de Obispo não resolvesse.

28

Pavillón Granma

QUANTA PRETENSÃO. Os guardas históricos talvez temessem que o barco histórico pudesse regressar à Flórida. Que nada. Nem sei como chegou a Cuba.

O *Granma* está exposto num pavilhão de vidro, entre o Museo de la Revolución e um dos prédios do Museo Nacional de Bellas Artes. O pátio ao redor está repleto de tanques, canhões, jipes e pequenos aviões empregados durante a Revolução.

Faz parte do acervo, inclusive, o caminhão, todo perfurado à bala, utilizado por um grupo de 35 universitários num desesperado ataque ao Palácio Presidencial, na tentativa de expulsar Batista. O plano fracassou. Durante a fuga, 32 deles foram assassinados.

De todos os lugares que visitei em Havana esse é o mais policiado. Além dos soldados guarnecendo a pira, que permanece acessa dia e noite, em homenagem aos heróis da pátria, havia militares com fuzis por todos os cantos.

Em 1955, Batista fraudou mais uma eleição, mantendo-se na presidência. Para acalmar a oposição interna, concedeu uma anistia política, mandando soltar inclusive Fidel

Castro. Temendo ser assassinado, o que teria sido a verdadeira intenção de Batista ao libertá-lo, Fidel, que nunca foi casto, fugiu para o México.

Em Cuba, foi criado o Movimento 26 de Julho, sob a liderança de Frank País, reunindo os veteranos do ataque ao quartel Moncada. O M-26-7 deu início à guerrilha, preparando a volta dos que estavam no exílio.

No México, Fidel Castro ganhou o apoio do compatriota Camilo Cienfuegos e de um mochileiro argentino, Ernesto Guevara. Entre outros. Alugaram o *Granma*, um velho barco de passeio com apenas 18 metros de comprimento, e velejaram em direção à ilha. O iate se perdeu no mar e eles aportaram uma semana depois, dois dias atrasados em relação ao plano de Frank País.

A chegada "não foi um desembarque, mas um naufrágio", lembrou Che Guevara mais tarde. Atolados no banhadal, foram obrigados a abandonar as maiores armas. Perambularam por três dias até se refugiarem numa plantação de cana, onde caíram exaustos.

Poucas horas depois ouviram o primeiro tiro, e um deles caiu morto. Cercados pelos soldados de Batista, sob fogo cruzado, estabeleceu-se o caos. Em pânico, e procurando salvar a própria pele, cada um fugiu como pôde, e o grupo se esfacelou. Dos 82 rebeldes que chegaram no barco, apenas 12 conseguiram escapar.

Uma cena, porém, entrou para a história.

Um jovem argentino, apavorado com a brutalidade do combate, achou-se isolado em meio a um campo aberto. Ao seu lado, viu duas caixas: uma com seu equipamento médico e outra com munição, essa abandonada por um colega morto. Ele não podia carregar as duas, e tinha alguns segundos para decidir o que fazer.

Uma fração de momento para entrar na história. Ou mergulhar no anonimato. Preparar-se para fazer a guerra. Ou para fazer a paz. Qualificar-se para matar. Ou para salvar. Um momento de heroísmo, um momento de infâmia. Por fim, o momento em que, ao optar pela munição em vez dos remédios, o jovem e idealista viajante Ernesto Guevara de la Serna se transformou no imortal guerrilheiro "Che".

Ao tentar fugir com a pesada caixa, foi atingido no pescoço por uma bala inimiga. Vendo que não teria chances, preparou-se para morrer. Lembrou-se de um conto que havia lido, escrito por Jack London, sobre um garimpeiro que congelou até a morte no Alasca, e decidiu que morreria com dignidade. Seja lá o que isso significasse.

O rapaz sentou-se no chão e esperou pelos soldados de Batista. Que viessem, ele estava preparado. Foi quando outro guerrilheiro, Juan Almeida, o tirou do estupor, carregando-o para o mato junto com dois amigos.

O ferimento foi superficial e apesar da fome e do cansaço, caminhando sem parar, foram encontrados por Guillermo Garcia, um morador local. Ficaram sabendo que Fidel Castro, Raúl Castro e alguns outros também sobreviveram, estavam refugiados em Cinco Palmas, na Sierra Maestra.

Fidel contou que durante a fuga teve momentos em que ele era comandante em chefe dele mesmo e mais dois companheiros. Reunidos os 12 sobreviventes, o Comandante fez um discurso que entrou para a história pelo otimismo: "Nós venceremos esta guerra. Estamos apenas começando a luta." Era preciso elevar o moral da tropa.

No local da chegada do barco foi criado o Parque Nacional Desembarco del Granma, um dos mais importantes da costa americana. Seus 27.545 hectares de florestas, montanhas, penhascos e recifes protegem 512 espécies de plantas,

60 por cento endêmicas, 25 espécies de moluscos, sete de anfíbios, 44 tipos de répteis, 110 espécies de pássaros e 13 tipos de mamíferos.

O lugar onde Fidel Castro e Che Guevara "naufragaram" é hoje considerado Patrimônio da Humanidade pela Unesco. O Comandante tinha razão, a história o absolveria.

29

Bar Restaurante La Lluvia de Oro

ELA PUXOU conversa. Assim, sem mais nem menos, e fiquei sestroso. Acossado pelas *jineteras* tão logo me sentava no Parque Central, nos finais de tarde, para conversar sobre beisebol com o pessoal, respondi com um monossílabo.

A Esquina Caliente estava vazia naquela hora. A temporada havia acabado, as discussões perderam o fôlego. Mas eu gostava de ficar por ali, uma pausa entre a tarde quente que se fora e a noitinha que chegava, mais fresca.

Bastou o meu ahã para ela trocar de banco. Sentou ao lado e começou a falar do calor. Como sempre. Aos poucos o assunto mudou. Fiquei aliviado, não era vítima de mais um assédio.

Martha era filha de mãe cubana e pai mexicano. Morava na Cidade do México e estava em Havana para uma operação: diminuir a barriga e aumentar os seios. Por que não fazia a plástica no México? Porque os médicos cubanos são melhores.

Que mulher que falava, meu Deus do céu! Muito além da média. Em poucos minutos fiquei sabendo toda a vida da criatura. Haja ouvido. Veja só.

A irmã morava em Dubai, havia casado com um árabe rico. Rico não: muito rico. Sabe aqueles árabes muito ricos? Pois é, um deles. A irmã era muito rica, tinha filhos com o sujeito. É, não perdera tempo. Vi as fotos, o casal de turbante e tudo. Foi ela quem mandou o dinheiro para a cirurgia.

A maninha queria levar um grupo musical de Cuba para se apresentar no emirado e encarregou Martha dos contatos. Depois de longa pesquisa, a mexicana se encantou pelo Havana Soul, que se apresentava no La Lluvia de Oro, no bulevar de Obispo, ali perto.

Vamos lá?

Não tinha nada para fazer mesmo.

Fui, vi e gostei. Bendita Martha, santa Martha. Espero que tenha ficado linda, voltado para o México e encontrado o seu árabe. Não um desses que são apenas ricos, não; mas um príncipe.

Enquanto estive em Havana passava quase todas as noites no bar, às vezes jantava. Fiz amizade com os músicos. Eles queriam saber da Bossa Nova, eu queria saber do *son*. Certa noite levei uma garrafa de rum para bebermos no intervalo da apresentação. Os caras começavam a tocar ao meio-dia e só paravam à meia-noite. Em dias alternados.

Mas não reclamavam. Além do salário em moeda nacional, as gorjetas em pesos convertíveis e a venda do CD do grupo davam uma renda muito acima da média cubana. Já haviam me dito que os esportistas, os músicos e as pessoas que tem FE (Familiar no Exterior) são os ricos de Cuba, invejados por todos. Acrescentaria as prostitutas nesse seleto grupo. Dos ricos, não dos invejados.

Todos os bares e todos os restaurantes e tudo o mais que receba turista em Havana têm música ao vivo, de dia e de noite, milhares de empregos. E o melhor: músicos formados na Faculdade de Música do Instituto Superior de Arte. Instalado no local do antigo Havana Country Club, o Instituto abriga, além da Faculdade de Música, faculdades de Artes Plásticas, Teatro e Dança, mais de oitocentos alunos, muitos deles estrangeiros.

Os músicos do Havana Soul foram a minha universidade. Entre um gole e outro saí formado em música cubana.

"Em Cuba a música flui como um rio", escreveu Ry Cooder na apresentação do CD *Buena Vista Social Club*. Esse era o nome de um antigo clube de Havana, onde os músicos se reuniam para tocar e dançar. Tão geniais que alguns inventavam os próprios instrumentos.

Mais de quarenta anos após seu fechamento, o Clube inspirou uma gravação do cubano Juan de Marcos Gonzáles e do guitarrista norte-americano Ry Cooder com os antigos músicos. O disco *Buena Vista Social Club* ganhou o *Grammy* e se tornou um sucesso internacional tão grande que levou o diretor alemão Wim Wenders a filmar a apresentação do grupo na Holanda e no Carnegie Hall, em Nova York.

O documentário, com direção musical de Ry Cooder (que fizera a trilha sonora de *Paris, Texas*, para Wenders), acompanhado de entrevistas feitas em Havana com os músicos, foi aclamado pela crítica. Acabou indicado ao Oscar e ganhou o prêmio de melhor documentário no European Film Awards.

Em 2006, foi lançado *Rhythms del Mundo*, um álbum com as estrelas do *Buena Vista* e Sting, U2, Coldplay, Jack Johson, Maroon 5, Arctic Monkeys, Franz Ferdinand, Kaiser Chief e muitos outros.

Definida como o casamento da guitarra espanhola com o tambor africano e influenciada pelo jazz de Nova Orleans, pela salsa latina de Nova York, por ritmos da França, da Espanha, do Haiti e da Jamaica, a rica música popular cubana, com seus diversos gêneros, é o que o país tem de melhor. Abrigada sob o nome genérico de *son*, ela foi se expandindo conforme a criatividade dos músicos.

Jorge Duarte, o baixista diretor musical do Havana Soul, também me explicou que o grupo tinha a formação tradicional do *son*: um sexteto consistindo de violão, *tres* (violão com três grupos de cordas duplas), contrabaixo, bongô e dois cantores. Enquanto cantavam, alternadamente ou juntos, eles tocavam chocalho e *clave* (bastão usado como percussão). Por causa do barulho — o bar não tinha vedação sonora —, eles não podiam usar trompete.

Era uma pena, ele gostaria que eu os ouvisse com a formação completa. Quem sabe não os convidava para trabalhar no Brasil? Um músico amigo deles, de um grupo que há pouco tempo estivera no Brasil, ficou no país. Cara sortudo.

Martha conhecia o septeto, assistira a um ensaio na casa de um deles. Que inveja!

Na década de 1930, o sexteto se transformou em septeto, com a adição de um trompetista, abrindo novas possibilidades sonoras. O compositor Arsenio Rodrígues, que era cego e tocava *tres*, foi classificado por Harry Belafonte como o "pai da salsa cubana". Estava aberto o caminho para o mambo e o chá-chá-chá.

Nas décadas seguintes as bandas cresceram para oito *soneros* até se tornarem bandas gigantes, com a inclusão de novos instrumentos de percussão e de sopro, como o pistom. O grupo de Benny Moré, o rei do mango, conhecido como El bárbaro del Ritmo, começou com 21 figuras. Quando ele se apresentou na cerimônia da entrega do Oscar, em Hollywood, sua banda tinha quarenta músicos.

Não sei se Martha e a irmã rica conseguiram levar meus amigos para Dubai. Espero que sim, eles eram bons profissionais, fariam sucesso. E realizariam o sonho de todo músico cubano: ser descoberto por um empresário, levado para o exterior e ficar rico. Assim, eles podem mandar dinheiro para os familiares em Havana. Com FE, todos vivem melhor.

30

Museo Nacional de Bellas Artes

Esperava encontrá-lo no Centro Wilfredo Lam, na esquina da Plaza de La Catedral, mas nada. Havia muitas obras do artista, o mais importante modernista cubano, menos a que eu procurava. Uma vez, no Alasca, viajei centenas de quilômetros para ver o *McKinley*, pintura de Laurence do Alasca. Não iria desistir em Havana, onde os lugares são alcançados a pé.

Wilfredo Lam, descendente de espanhóis, chineses e africanos, estudou em Havana e depois foi para a Espanha e a França, onde conviveu com Pablo Picasso e André Breton. Com as influências cubistas e surrealistas na cabeça, voltou para Cuba em 1941, quando pintou o quadro que eu tanto queria ver: *La Jungla*.

Para os mais entendidos, a selva retratada nessa obra faz dela uma das pinturas mais representativas dos trópicos. Onde ela estava, então? Se não estava no centro cultural que leva o nome do autor, onde poderia vê-la?

A atendente informou que eu poderia vê-la no Museo Nacional de Bellas Artes, e lá me fui, embaixo daquele sol inclemente. Eu já me queixei do sol? Acho que já, né. Mas não faz mal: por mais que me queixe, ele é ainda mais quente.

O museu é fantástico. Tão completo que suas obras estão distribuídas em dois prédios, cada um deles ocupa todo um quarteirão. A Colección de Arte Universal fica num edifício de arquitetura eclética, construído em 1886. O prédio já seria motivo para uma visita. As coleções de pinturas europeias e latino-americanas e os objetos gregos e romanos vêm de cortesia.

O outro prédio, onde está a Colección de Arte Cubano, no outro lado da rua, possui três andares. No térreo, um belo jardim, um café e uma loja de suvenires. No segundo andar, a arte moderna e contemporânea, especialmente Kcho, Raúl Martínez, Portocarrero e... Wilfredo Lam! Mas e *La Jungla*?

O quadro fica exposto numa ala do museu onde o ar-condicionado não está funcionando, por isso permanece fechada a visitações. Hã? Como assim? Bem, era isso mesmo: nada de *La Jungla*. Nem uma espiadinha? Não, nem uma espiadinha. Uma titiquinha só? Não!

Tá bom, tá bom.

As atendentes, muito simpáticas, me sugeriram o terceiro andar, as coleções abrangem do século XVI a 1951. Existe também nesse piso uma ótima livraria, especializada em livros de referência de arte, e uma sala de concertos.

Devia visitá-lo, meu ingresso dava acesso a todo o museu. Aproveite. Aproveite. Que nada! Fiquei chateado, nem quis subir ao terceiro andar. Depois me arrependi, mas na hora foi a decisão correta.

Voltei outras vezes, inclusive em meu último dia em Havana, sempre com a esperança de que tivessem consertado o tal ar-condicionado. Nada.

Cuba precisa de outra revolução, botar de novo as coisas nos eixos. Alguém se candidata?

31

Hotel Lincoln

GIGANTE DE nove andares na rua Ánimas, segundo prédio mais alto da cidade na época da construção, na metade dos anos 1920, está em decadência. Nem sombra do hotel que foi; mas os 135 apartamentos continuam ocupados por estrangeiros. Pensei em mudar, a diária não era cara, mas deixei de lado. Pretendia morar numa casa particular, conviver de perto com uma família cubana, e estava à procura. Chega de hotel.

O bar no térreo do Lincoln era escuro, tipo anos 1950. Os móveis antigos, pretos, deixavam o ambiente pesado. Atmosfera úmida. Um contraste com o sol tropical no lado de fora. Mas o cubato era bom. Não sou chegado em rum com suco de tomate — pelo tomate —, mas aquele estava gostoso. Bebido em pé, encostado no balcão, liberava o pensamento. Gosto de ficar assim, imaginar o antigo movimento. Pessoas entrando e saindo, a maior confusão.

Ah, por falar em confusão:

Na noite anterior à realização do II Grande Prêmio de Automobilismo de Cuba, promovido por Fulgencio Batista para amenizar a ditadura, um comando do grupo guerrilheiro M-26-7 entrou no Lincoln e sequestrou o argentino

Juan Manuel Fangio, já na época pentacampeão mundial de Fórmula 1.

O alvo era o britânico Stirling Moss. Na hora do assalto descobriram que o piloto estava em lua de mel. E, claro, não se pode sequestrar alguém que esteja em lua de mel. Isso nem a Revolução Cubana faria. É preciso endurecer, mas sem perder a ternura.

Fangio conversava com os mecânicos, no lóbi, quando foi abordado por um rapaz com uma pistola 45 mm. Com a arma na cara do argentino, avisou, muito gentil: "Desculpe Juan, mas terás que me acompanhar." Entraram num carro que os aguardava na esquina.

Fangio foi levado para uma casa onde entrou pela escada de incêndio. Em um quarto, uma mulher com um filho, em outro, um homem ferido. Os caras saíram, deixando alguns companheiros de guarda. Momentos depois, foi levado por outro veículo, de olhos vendados, até uma casa num bairro nobre de Havana.

O pessoal festejava o sucesso da operação; alguns pediram autógrafos. Após atender aos fãs, o argentino reclamou que não havia jantado, e a dona da casa serviu batatas fritas com ovos. Era o que tinham, ele que se contentasse; estava no cativeiro.

Na manhã seguinte, Faustino Perez, um dos mentores da operação, trouxe os jornais com as notícias do sequestro. O campeão pediu que avisassem a família em Buenos Aires de que tudo estava bem, no que foi atendido. Ofereceram uma tevê para ele assistir à corrida, mas não quis.

A pista do autódromo tinha um salto numa das retas. Durante os treinos, a Maserati 450S de Fangio quase se desmanchava ao tocar o solo. Adrenalina pura numa época em que contava a perícia dos pilotos e não a tecnologia dos motores. O público vibrava.

A prova foi interrompida por um acidente entre dois carros: seis pessoas morreram e quarenta saíram feridas. Fangio, ao saber da tragédia, imaginou que o destino enviara os sequestradores para salvá-lo. "Senhores, vocês me fizeram um favor", teria dito.

Terminado o Grande Prêmio, pretendiam soltar o piloto. Mas como fazê-lo sem correr riscos? A morte acidental num tiroteio, ou mesmo de propósito, assassinado por homens de Batista, acabaria com a imagem do Movimento 26 de Julho.

Fangio, ligeiro como sempre, sugeriu que fosse levado à representação diplomática argentina; o embaixador era primo de Che Guevara. Ao ser deixado na embaixada por uma mulher e dois jovens, um sorridente Fangio anunciou: "Esses são meus amigos, os sequestradores", e obteve garantias diplomáticas para eles. O *stop and go* do piloto no cativeiro durou 26 horas.

Fangio ajudou o M-26-7 a mostrar para a imprensa internacional que as intenções dos revolucionários eram boas, e seu envolvimento com a Revolução continuou. Ainda naquele ano intercedeu junto a um general para o rapaz que o raptara no hotel, então preso, não ser maltratado.

No aniversário de 25 anos da Revolução, o argentino recebeu um telegrama de Fidel Castro com saudações de "seus amigos, os sequestradores". Recordava que "mais do que um sequestro e detenção patriótica, serviu, junto com sua nobre atitude e justa compreensão, à causa de nosso povo, que sente por você grande simpatia, e em nome da qual o saudamos por um quarto de século".

No saguão do Lincoln, enorme foto mostra o encontro de Fangio e Fidel, vinte anos depois do sequestro. Com eles, o guerrilheiro que comandou a operação. Todos riem, creio que satisfeitos com a peripécia. Com direito a uma placa de bronze no lado de fora do hotel, colocada para comemorar os trinta anos do evento:

> *Na noite de 23-2-58, neste mesmo lugar, foi sequestrado por um comando do Movimento 26 de Julho, dirigido por Oscar Lucero, o pentacampeão mundial de automobilismo Juan Manuel Fangio. Ele significou um efetivo golpe propagandístico contra a tirania batistiana e um importante estímulo para as forças revolucionárias.*

Final feliz.

32

Asociación Cultural Yoruba de Cuba

O AMBIENTE MERECIA um puro. Havia comprado um Montecristo e tratei de me integrar ao ritual da forma mais prática. Trata-se da marca mais popular fora de Cuba, responsável pela metade dos charutos exportados. A capa é vermelha clara e o sabor vai de médio a forte. Ideal para a cerimônia.

Exceto para um desfile de carnaval, nunca havia me vestido todo de branco. Mas em Havana isso nem chama a atenção. Vestir-se de branco, privilégio dos santeiros, virou moda e muita gente anda assim. A *santeria* é a principal religião do país e todos se orgulham em ostentar seus símbolos, cada qual se identifica com seu orixá.

O prédio da Asociación Cultural Yoruba de Cuba, em frente à Fuente de la Índia, reúne diversas entidades. Após visitar o Museo de los Orichas, no segundo andar, e as barracas que vendem pequenas oferendas, no térreo, juntei-me aos demais no pátio interno. Juan Pedro, meu vizinho no hotel Lido, havia me convidado para uma sessão de descarrego coletiva; estávamos prontos.

Rolei o *havano* entre o indicador e o polegar, exercendo uma leve pressão. Estava suave ao tato, sinal de qualidade. Fiquei assim, escorado na parede, fumando sem tragar, como fazem os cubanos. Quase todos fumavam, alguns bebiam. O clima parecia tenso. Pelo menos eu estava tenso.

Em tempos regulares, para o charuto não se apagar, sorvia o sabor e expelia a fumaça, que se juntava aos babalaôs. Estavam sentados ao fundo, nós estávamos em pé. Vez que outra um deles largava o tambor para um gole de rum, a garrafa estava ao lado. Antes de beber, uma dose para o santo. O piso quente absorvia a bebida, pouco sobrava aos orixás.

Evitava fumadas longas, o charuto ficaria incandescente. O calor provocado deixaria o sabor do fumo amargo. As pessoas se aproximavam dos pais de santo, faziam uma reverência; muitas dançavam. Algumas deixavam dinheiro na caixinha das ofertas, e todas voltavam aos seus lugares. Meu vizinho, sempre tão expansivo, estava compenetrado.

A cinza do Montecristo, longa e firme, manteve-se intacta por um bom tempo, até se desprender e cair ao natural. Quando cheguei à metade do charuto ele começou a ficar amargo. Fazia calor, os rapazes suavam, mas as batidas ficavam cada vez mais fortes e mais rápidas; parecia que entravam em transe. Olhei ao redor: todos pareciam em transe.

Antes que o charuto terminasse coloquei-o no cinzeiro e deixei que se apagasse sozinho. Caso fumasse até o final ele perderia o aroma suave. Pior: o sabor que me deixaria na boca acabaria com o paladar inicial. Joguei no lixo, evitando o cheiro desagradável de tabaco apagado.

Senti um arrepio. Seria de frio? A vertigem entrou pela nuca e desceu espinha abaixo. As pernas tremeram, como se o tempo em que ficara em pé me tivesse feito perder as forças. Apoiei-me na parede e procurei Juan Pedro com os olhos. Ele rodopiava, por certo recebia alguma entidade. Outras pessoas começavam a dançar, os santos estavam baixando; a imaginação se libertava.

Saí antes do final da cerimônia.

33

Museo de la Revolución

Sucesso de público e de crítica. Contra e a favor. Você escolhe o lado.

Lugar mais visitado da cidade, o museu ocupa o antigo Palácio Presidencial, um belo prédio decorado com esmero. Visitá-lo já valeria o ingresso, mas a documentação da Revolução Cubana, contada cronologicamente dos andares superiores para baixo, é um primor, tanto de propaganda quanto de registro histórico.

O local serve também para apresentações musicais, recitais poéticos e solenidades oficiais. Aliás, dar vida aos museus através desses eventos é uma constante em Havana. E sempre tem gente assistindo, seja lá o que for que se esteja apresentando. No dia da visita condecoravam estudantes por algum mérito que deixei de lado. Tinha uma tarde para visitá-lo e sabia que seria pouco.

As informações estavam escritas em inglês e espanhol, detalhadas tim-tim por tim-tim. Fiquei com a impressão que Fidel Castro havia contratado um batalhão para registrar os combates, pois havia fotos, e em profusão, de tudo. Bastava seguir as salas e a Revolução estava ali, viva, na minha frente. Com todos os mortos, com todos os sobreviventes. Todos heróis.

Em 1957, o incansável Fidel Castro e seus guerrilheiros atacaram um pequeno quartel e saquearam armas e munições, a primeira vitória significativa da Revolução. A seguir, Fidel convenceu o jornalista Herbert Matthews, do *The New York Times*, a entrevistá-lo na Sierra Maestra. A reportagem, simpática aos insurgentes, transformou Castro em celebridade mundial, um golpe contra a ditadura. Em Nova York, jovens portavam cartazes "Viva Fidel".

Em Cienfuegos, oficiais da Marinha se revoltaram e distribuíram armas à população. Após uma batalha porta a porta pelas ruas da cidadezinha, os revoltosos foram derrotados e quem sobreviveu acabou no paredão. Em Santiago de Cuba, Frank País foi assassinado a mando de Batista. O sangue escorria, manchava Cuba. Prós e contras tombavam, a revolta se levantava.

A Revolução estava nas ruas, e não parou mais de crescer.

Fidel Castro, Raúl Castro, Camilo Cienfuegos e Che Guevara comandavam a guerrilha a partir de uma base militar em meio à floresta nos altos da Sierra Maestra. Os 12 combatentes que sobreviveram ao desembarque do *Granma* se multiplicaram feito coelhos, e já eram trezentos. A rádio Rebelde, que passou a transmitir em AM e FM, despejava propaganda revolucionária pelos quatro cantos do território. Os sonhos pediam passagem.

Com a popularidade em baixa, Fulgencio Batista enviou para as montanhas uma força com 10 mil soldados. Tinham a missão de pôr em prática o Plan FF (Fim de Fidel). Embora a relação fosse de um combatente rebelde contra mais de trinta militares, lutando bravamente e apoiados pelos *campesinos* os revoltosos impediram o avanço do exército, formado por jovens mal treinados e indisciplinados. Que só queriam dinheiro. Como todo exército convencional.

A Revolução passou da defensiva à ofensiva. E não distribuiu flores.

Enquanto Fidel mantinha as posições na Sierra Maestra, Camilo Cienfuegos, o mais popular dos comandantes revolucionários (há uma sala só dele no museu), e Che Guevara, ainda sem o carisma atual, usando táticas de guerrilha, avançaram em direção a Havana.

Baseado na estratégia de que "a característica fundamental da guerrilha é a mobilidade", Che liderou os ataques. Ele acreditava que "de derrota em derrota chegaremos a vitória". Tinha razão. Os quartéis foram caindo e ele ingressou com sua boina triunfante na capital.

Fulgencio Batista fugiu para a República Dominicana num avião particular, levando todo o dinheiro que pôde carregar.

Em 1º de janeiro de 1959, Fidel Castro fez um empolgante discurso em Santiago de Cuba comemorando a vitória final. Mal sabia que derrotar Batista fora a parte mais fácil da Revolução Cubana. Precisava também convencer o mundo dos seus ideais, e isso não estava ao seu alcance.

No ensaio "Renuncio ao cargo, não à Revolução", duas páginas publicadas no *Granma* por Eugenio Suárez Pérez, em comemoração aos 50 anos dessa vitória, ele relembra a implantação do novo regime.

"Renuncio ao cargo, não à Revolução" foi uma frase célebre dita por Fidel Castro, então primeiro ministro, em 17 de julho de 1959, diante de uma série de desavenças com Manuel Urrutia Lléo, eleito presidente de Cuba pelo Conselho de Ministros, órgão que assumiu o poder após a queda de Batista.

Embora explicasse que renunciava ao cargo, mas não à Revolução, o povo não aceitou a saída de Fidel. Pressionado por grandes manifestações populares ("*Fidel: Contigo hasta la muerte*" — "*Que se vaya el otro*"), o presidente renunciou no instante em que Fidel, pela televisão, convocava a nação para a resistência ao que ele classificou como traição à Revolução. Em meio à crise, outra frase ficou célebre: "*Yo no estoy contra Fidel ni en un juego de pelota*".

O time dos Barbudos, formado por oficiais do Exército Rebelde, deveria enfrentar o time da Polícia Militar, no estádio do Cerro, para arrecadar dinheiro para a reforma agrária. Fidel Castro era o lançador dos Barbudos, Camilo Cienfuegos lançador do time da Polícia Militar. Na hora da partida, Camilo se negou a jogar, alegando que não estava contra Fidel nem mesmo num jogo de beisebol.

Em uma reunião do Conselho de Ministros, Haydee Santamaría Cuadrado discursa em apoio à volta de Fidel: "Hoje aqui peço em nome dos mártires — já que são muitos os vivos que vão pedir que voltes. Pois hoje aqui também peço em nome desses que sei que estão pedindo, que Fidel volte, que volte ao posto que lhe pertence, porque assim o querem os vivos e porque assim o querem os mortos."

Apoiado pelo novo presidente da República, pelo povo, pelos mortos e pelo Exército Rebelde, o comandante em chefe, após um emocionado discurso, reassume o cargo de primeiro-ministro, agora com mais poderes do que nunca. Mas era só o começo. E o poder de Fidel se restringia a Cuba.

A campanha de nacionalização que atingira o campo chega à cidade, onde a maioria das empresas e dos bancos era de capital norte-americano. Isso transformou Washington num inimigo bem mais violento do que o antigo ditador, então apenas um filhotão da Casa Branca.

Fidel Castro, que venceu uma revolução armada, percebeu que poderia fazer qualquer coisa, menos tocar nos interesses econômicos norte-americanos. A democracia do vizinho tinha seus limites. Mas a história em Cuba estava sendo escrita com sangue, não poderia ser limitada por antigos acordos comerciais, todos nefastos ao país.

Por pressão política, Texaco, Standard Oil e Shell deixaram de refinar o petróleo comprado da União Soviética. Fidel não perdeu tempo: nacionalizou as três. Em represália às nacionalizações, feitas sem indenização, o presidente Eisenhower mandou cancelar a compra do açúcar cubano, principal fonte de divisas do país. Havana, então, nacionalizou todas as demais empresas estrangeiras que operavam na ilha, inclusive as norte-americanas de telefonia e eletricidade.

Che Guevara, ministro da Indústria, foi a Moscou e convenceu os soviéticos a ocupar o lugar dos norte-americanos, comprando o açúcar pelo mesmo valor pago por Washington. A birra entre os dois governos se acentuou, e não parou de crescer. Fidel de um lado e os sucessivos presidentes que passaram pela Casa Branca nunca mais deixaram de se bicar. E, como sempre, o povo no meio. Nos dois países.

O regime endureceu. Prendeu adversários políticos, mandou executar os mais radicais, censurou a imprensa e acabou com as liberdades democráticas. Tudo em nome da consolidação da Revolução. Nos anos seguintes, cerca de 250 mil profissionais qualificados deixaram Cuba, entre eles o escritor Guillermo Cabrera Infante e o jornalista Carlos Franqui, este, o criador do jornal *Revolución*, veículo editado na Sierra Maestra e lançado para divulgar a Revolução. Franqui foi expulso por ter condenado a invasão soviética da Tchecoslováquia.

(Alguns meses depois da minha passagem por Havana, o dissidente Orlando Zapata Tamayo, um dos cerca de duzentos presos políticos do país, morreu devido a uma greve de fome em protesto contra os maus-tratos na cadeia. A morte foi duramente criticada pelos Estados Unidos, nação que mantém o mesmo número de prisioneiros políticos em Guantánamo.)

Bem, naquela época, Washington cortou relações com Havana e proibiu os cidadãos norte-americanos de viajarem para Cuba. Fidel Castro respondeu na mesma moeda, e as proibições valem até hoje. Caso algum norte-americano visite a ilha sem autorização do governo — que dificilmente concede —, na volta pegará 15 anos de cadeia.

(A Human Rights Watch condenou os dois países por restringirem essa liberdade de locomoção dos seus cidadãos.)

Além da pressão diplomática, como a expulsão de Cuba da Organização dos Estados Americanos e o bloqueio econômico, a Casa Branca deu início a uma grande campanha de desestabilização do novo governo, patrocinando invasões, sabotagens e assassinatos.

(Em 2005, o embargo econômico foi condenado por 182 países numa votação da ONU. Apenas Israel, Palau e Ilhas Marshall ficaram do lado norte-americano.)

O "Projeto Cuba", lançado por John Kennedy, tinha por objetivo "ajudar Cuba a derrotar o regime comunista", o que passava pelo assassinato de Fidel Castro. Procurando lançar a população contra o governo, inúmeros atos terroristas foram praticados, como destruir canaviais e minar portos.

Alguns dos atentados beiravam o ridículo. Colocar veneno nos sapatos de Fidel para ele perder o cabelo e a barba foi um deles. Segundo a Inteligência cubana, o Império e seus asseclas tentaram matar o Comandante 638 vezes. A incompetência da CIA virou seriado de tevê em Havana — e piada no resto do mundo.

Em seu plano mais audacioso, a CIA gastou 13 milhões de dólares para treinar nas selvas da Guatemala 1.400 dissidentes cubanos. Armados pelos Estados Unidos, eles partiram da Nicarágua com destino à ilha escoltados por um navio de guerra norte-americano.

Avisado pelos agentes do Serviço de Inteligência de Cuba, infiltrados entre os contrarrevolucionários, o Exército cubano estava à espera, Fidel Castro à frente. No pátio externo do museu está exposto o tanque SAL 100, utilizado pelo Comandante para atirar contra os invasores.

Ao desembarcarem eles foram trucidados, episódio conhecido como o fiasco da invasão da Baía dos Porcos. No funeral de sete cubanos, mártires do atentado *yanquí*, Fidel Castro lançou a campanha "Socialismo ou Morte". O advogado, que não era comunista e começou lutando por democracia, foi jogado nos braços do Kremlin, aliança que durou até a queda da União Soviética.

Um ano mais tarde, Havana devolveu aos Estados Unidos 1.189 prisioneiros, trocados por 53 milhões de dólares pagos em remédios. Humilhação maior não poderia haver e o Império se ressente disso até hoje.

Parte do desastre foi atribuído ao fato de o presidente John Kennedy ter cancelado, na última hora, a cobertura aérea que seria dada pelos aviões norte-americanos. Eles haviam sido pintados com as cores da Força Aérea de Cuba e eram pilotados por exilados cubanos.

Ainda hoje se comenta nos Estados Unidos que essa decisão teria sido o principal motivo do seu assassinato. Ironia das ironias, Kennedy, que tantas vezes tentou assassinar Fidel, teria sido morto por não apoiar a utilização de aviões norte-americanos na invasão da ilha.

Aliás, essa é outra constante em Cuba: a história do país e a dos Estados Unidos parecem caminhar de mãos dadas.

Que destino: tão longe de Deus e tão perto um do outro!

34

Tropicana

Eu IA dizer que sim, mas o sentimento de culpa cristão bloqueou a resposta. Me apresentei como fotógrafo amador, um curioso tentando retratar aspectos característicos de Havana. No momento, me dedicava às carruagens; são centenas a serviço dos turistas.

A pochete com o logotipo da *National Geographic*, comprada numa liquidação em Bangcoc para carregar a câmera, os documentos e algum livro, às vezes provocava essas confusões. Mas não, eu não era fotógrafo da famosa revista. Não me incomodava que, de longe, me imaginassem como tal. Até gostava, só não conseguia confirmar. Tenho dessas coisas. Enfim.

A inglesinha ficou decepcionada. Estava de passagem por Havana, três dias na cidade, e o objetivo era fotografar as igrejas. Um documento para alguma instituição londrina, dessas que se acham com a missão de salvar o patrimônio histórico europeu espalhado pelo mundo pobre. Catalogam as riquezas antes que elas sejam devoradas pelos nativos. Faz sentido. Para eles.

Um dos cocheiros ofereceu um passeio. Agradeci, não era o meu transporte predileto; prefiro caminhar. Talvez interessasse à moça, ele insistiu. Perguntei e ela disse que sim, seria ideal; ganharia tempo. Mas tinha um problema: não falava uma única palavra em "cubano". Além do mais como sair pela cidade com aquele estranho, um mulato que ela nunca vira?

O rapaz sentiu a situação e me fez uma proposta: eu poderia cobrar dela o dobro do preço que ele cobrava por hora e ir junto, uma espécie de tradutor. Ou seria protetor? No final, eu ficaria com a metade do pagamento.

Ganhar dinheiro não é pecado.

Dorothy ficou satisfeita e lá fomos nós, percorrer as igrejas de Havana.

Começamos pela Catedral de San Cristóbal de la Habana, ali ao lado, descrita por Alejo Carpentier como "música esculpida em rocha". A fachada barroca, ao estilo do arquiteto italiano Francesco Borromini, não tem rival. As duas torres, com alturas e formatos diferentes, são únicas no mundo. Os jesuítas começaram a obra e o trabalho continuou mesmo depois da expulsão deles. Ao ser concluída, em 1787, foi criada a Diocese de Havana. Um ano depois a cidade passou a ter um bispo e a igreja foi elevada a catedral, uma das mais antigas das Américas.

Antes da Revolução 85 por cento dos cubanos eram católicos. Com a vitória do Exército Rebelde, 140 padres foram expulsos pelo que Fidel Castro julgou atitudes reacionárias. Eles foram seguidos por outros quatrocentos, que saíram do país voluntariamente.

Quando o governo se declarou marxista-leninista, a situação piorou. Embora as igrejas continuassem abertas e a liberdade religiosa garantida, os católicos não podiam se filiar ao Partido Comunista, o que lhes fechava as portas aos cargos políticos e dificultava as atividades profissionais, como lecionar na Universidade de Havana.

Em 1992, uma reforma na constituição excluiu a condição de marxista-leninista do Estado e Cuba se tornou um país laico. O Partido Comunista foi aberto aos cristãos e o clero cresceu rapidamente. A visita do papa João Paulo II aprofundou a liberdade religiosa e Cuba se uniu ao Brasil e México como os países americanos com mais fervor católico.

Assistimos à missa na catedral, uma bela coincidência, e Dorothy me convidou para almoçar. Sugeri o El Patio, ali mesmo na Plaza de la Catedral. Ocupava o antigo Palacio de los Marqueses de Aguas Claras e era considerado o restaurante mais romântico de Havana. Havia diversos ambientes, desde bares internos e externos até mesas no pátio arborizado e na calçada em frente à igreja.

Dorothy não gostou. O sol estava muito forte, fazia calor e todos os ambientes eram abertos. Ela preferia um local refrigerado. A pele da moça, branca como papel, estava avermelhada. Como era madame quem pagava, convidei o cocheiro e fomos ao La Dominica, a uma quadra da Plaza de la Catedral, o melhor restaurante italiano de Cuba.

Após o almoço voltamos à praça, onde existem alguns dos prédios mais interessantes da capital: a Casa de Lombilli, o Palacio del Marqués de Arcos, o Museo de Arte Colonial e o Palacio de los Condes de Casa Bayona, todos finamente restaurados. A inglesa não se interessou em fotografar nenhum deles. Ela queria igrejas, e seguimos em frente.

A Iglesia y Monasterio de San Francisco de Asís, construída em 1608, foi reconstruída em estilo barroco entre 1719 e 1738. Confiscada pela coroa espanhola, em represália ao crescente poderio da ordem religiosa, nunca mais funcionou como templo religioso. O mosteiro hospeda um museu e a igreja serve de palco para apresentações de músicas clássicas e de câmara, além de sediar o Coro Nacional de Cuba.

(Na semana seguinte voltei à Plaza de San Francisco de Asís para ver a Fuente de los Leones, a obra-prima do escultor italiano Giuseppe Gaginni, esculpida em 1836, e assistir a um concerto do coral nacional na Basílica Menor del Convento de San Francisco de Asís. Dirigido por Digna Guerra, foi a melhor apresentação de coral que já presenciei até hoje. Se bem que não me lembro de ter visto outra.)

Passamos pela Iglesia Ortodoxa, que não interessou a Dorothy, e fomos visitar a Iglesia de San Francisco de Paula, uma das mais belas de Havana. Restaurada em 2000, a capela é tudo que restou do hospital feminino São Francisco de Paula, do século XVIII. Atualmente, serve de palco para apresentações de músicas medievais.

A inglesa demorou tanto em retratar a fachada barroca que sobrou tempo para um trago na Fundación Havana Club, ali perto. Acostumado a beber aguardente feita em casa, o cocheiro adorou o rum envelhecido.

A Iglesia y Convento de Nuestra Señora de la Merced, construída em 1755 e reconstruída no século XIX, tem o interior mais bonito de todas, com afrescos, pinturas e altares talhados em madeiras de lei. Mas não atraiu a devida atenção de Dorothy. Ela preferia a estrutura externa dos prédios. Não me disse, nada falava do trabalho, mas foi o que entendi. Seria ela uma James Bond de saias? Impossível, ela usava calça jeans.

A Iglesia Paroquial del Espírito Santo, construída em 1640 e reconstruída em 1674, é a mais antiga em atividade. Há diversas tumbas na cripta, da época áurea do cristianismo na ilha. A garota não gostou das minhas brincadeiras sobre fantasmas. As sardas do rosto e do pescoço ficaram vermelhas quando falei que a igreja era mal-assombrada. As almas penadas costumam acompanhar os visitantes, a não ser que lhes acendam uma vela.

Ela disse que não acreditava em fantasmas. Enquanto fui ao banheiro, depois Joseíto me contou, ela acendeu duas velas. Gostei da moça. Admiro pessoas convictas.

A Iglesia y Convento de Santa Clara, construídos em 1643, deixou de ser convento em 1920. Mais tarde se tornou sede do Ministério do Trabalho e atualmente é o quartel-general da empresa responsável pela restauração de Havana Velha. Há no bairro mais de novecentos prédios históricos, a maior coleção de edifícios com importância arquitetônica em todo o mundo. Abrange todos os estilos, da época colonial aos dias atuais.

Patrimônio da Humanidade, as restaurações em andamento pretendem transformá-los em centros comerciais e dar melhores condições de habitação para os moradores. Além das casas reformadas, Havana Velha ganhou uma maternidade, um centro de recuperação de crianças com problemas mentais e dez novas escolas.

Expliquei tudo, direitinho, mas a gringa não estava interessada nessa parte da nossa expedição. Fomos para o cemitério, no pátio interior do convento. Mostrei a Dorothy que havia uma pousada, onde ela poderia se hospedar. Na pousada, não no cemitério. Ficou braba. Desisti, talvez o humor dela fosse sutil demais para a minha inteligência.

Visitamos também a pequena Iglesia del Santo Angel Custodio, reconstruída em 1871 em estilo neogótico, onde José Martí foi batizado. A capela serviu de palco para a principal cena do romance *Cecilia Valdés*, de Cirilo Villaverde. Ao contrário dos outros edifícios, Dorothy se deteve fotografando a imagem do Cristo Yacente, onde ele aparece sepulto. Desse, ela não teve medo.

Deixamos a inglesinha no hotel Inglaterra, um dos mais sofisticados da cidade, algumas horas depois de iniciada a expedição arquitetônico-religiosa. Estava feliz, fizera em um dia o trabalho previsto para três. Sobrara tempo para a praia. Imagina, viajar ao Caribe e não ir à praia. O que diriam em Londres?

Queria saber quanto me devia. Como não quis cobrar, me deu uma polpuda gorjeta. Em euros! Joseíto recebeu o pagamento e logo depois, assim que ela entrou no hotel, me repassou a metade, conforme o combinado.

Dinheiro ganho fácil se gasta fácil, sempre ouvi dizer. Melhor não contrariar a tradição.

À noite, torrei a pequena fortuna no Tropicana Nightclub, o maior cabaré de Cuba e um dos mais famosos do mundo, desde a época em que servia de palco para Benny Moré, Nat King Cole e Maurice Chevalier.

35

O barbeiro de Havana

Foi uma decisão difícil, mas encarei.
Havia uma barbearia perto do hotel e resolvi cortar o cabelo. O calor era demais e decidi passar a máquina cinco, de alto a baixo. Ai, ai. Mas o que fazer? Que fossem os cabelos mas ficassem os miolos, que já andavam fritando.

Negociamos o preço e me submeti ao sacrifício. Bernardinho gostava duma prosa, tanto quanto o outro barbeiro e os clientes, e dá-lhe papo; e dá-lhe tesouradas. E meu cabelo se esvaindo pelo chão, varrido para a lata de lixo.

O Brasil disputava a Liga Mundial de Vôlei, a seleção cubana ficara de fora, e o país torcia por nosso time. Dava gosto ver os locutores da Tele-Rebelde se orgulharem das vitórias verde-amarelas. Cada ponto do Brasil era um ponto da América Latina. E Bernardinho, o barbeiro, estava todo prosa.

Ficamos amigos. Ele me emprestou um adaptador, as tomadas dos meus carregadores de baterias não serviam na bitola cubana, e me deu uma nota de 3 pesos com a efígie de Che Guevara. Eram raras, ele disse. Dei-lhe uma camiseta da Seleção Brasileira de futebol e ele passou a usá-la por baixo do avental branco. Show nas quadras europeias e na barbearia em Havana.

No dia seguinte, voltei à barbearia com uma oferta para Bernardinho: queria vender os vidros de xampu que trouxera. Acertamos um preço razoável para ele, que o revenderia *por la izquierda* aos clientes mais sofisticados, e saí com diversas notas de... moeda nacional.

Moeda nacional!

Finalmente eu tinha pesos cubanos e poderia usufruir os subsídios da Revolução. Comecei pelos jornais: passei a comprar o *Granma*, o *Juventud Rebelde* (diário da juventude cubana) e o *Trabajadores* pelo valor estampado na capa. Descontados os exageros, tanto prós como contras — em especial os prós —, dava para ter uma ideia do dia a dia dos havaneses, o motivo da minha estada na cidade.

Aprendi a usar o intricado sistema de transporte público urbano, tanto os ônibus articulados (*Camelo*) quanto os comuns (*Guagua*). A passagem custava o equivalente a 4 centavos de real, paga ao motorista. Havia algumas pessoas que não pagavam, mas não descobri por que tinham esse privilégio.

No final da linha existiam sempre três filas: para os que viajariam sentados, para os que viajariam em pé e para as grávidas. Quando a viagem era curta eu entrava na fila dos que viajariam em pé, era mais rápida. Postava-me junto à porta, facilitava a descida; os ônibus andavam sempre lotados.

Nas paradas intermediárias, a situação era mais sofisticada. Sempre havia muitos passageiros e nenhuma fila aparente. Nada de novidade. A vida em Havana é complexa, mas funciona. Basta seguir as ordens preestabelecidas.

Quando chegava no ponto perguntava quem era "*el último*". A pessoa se identificava e passava a ser a minha referência. Quando um novo passageiro perguntava pelo último, eu me identificava, e me tornava a referência dele. E assim por diante. Feito isso, nos espalhávamos pelos arredores: alguns no bar, outros na sombra; e por aí afora. Quando o ônibus parava, cada um seguia o seu "último" e embarcávamos em fila, sem transtornos. Nunca, em nenhum momento, vi alguém tentando furar a "fila". Disciplinado, o pessoal.

Os táxis-coletivos (*máquina*), velhos carros dirigidos pelos proprietários, têm linhas regulares e saem do ponto quando estão lotados. Melhor: superlotados. Não podem transportar estrangeiros, mas como eu pagava em pesos cubanos eles faziam vista grossa. A passagem custava o equivalente a um real.

Os *bicitaxis*, triciclos com dois lugares puxados por um ciclista, também são privados e como as *máquinas* não podem transportar turistas. Mas dávamos um jeito. As *máquinas* e os *bicitaxis* são dos raros negócios 100 por cento particulares no país. Os donos pagam um imposto fixo mensal, tenham ou não faturado. Por isso, são mais flexíveis nas tarifas e na obediência às leis, como qualquer bom capitalista.

Os *tourist-taxis*, Nissans de luxo com ar-condicionado e taxímetro, são estatais e os motoristas funcionários públicos. Aceitam apenas pesos convertíveis. Assim como os *coco-taxis*, riquixás cuja carroceria de fibra de vidro amarela parece um coco pela metade. Os velhos Ladas preto e amarelo também são de propriedade do Estado, mas alugados pelos motoristas. Não têm taxímetro e todas as negociações são possíveis. Vale a lei do mercado.

Ter no bolso moeda nacional me possibilitava comer na rua, experimentar os gostosos quitutes da culinária cubana. Passei a comprar fatias de pizzas e copos de limonada vendidos nas janelas das casas, pão quentinho na padaria da esquina, doces, sucos, refrescos e sanduíches disponíveis nos quiosques ao longo das calçadas.

Deliciava-me com os três produtos mais consumidos pelos havaneses: garapa de cana-de-açúcar com gelo, sanduíche de *pan con lechon* assado, e sorvete. Em uma praça central, no Vedado, está a Coppelia, maior *heladeria* do país, verdadeira instituição nacional. Há todo tipo de sorvete e as pessoas, além de comer no local, levam para casa baldes e mais baldes de *helado*, tudo subsidiado pelo Tesouro Nacional.

Quem estivesse disposto a pagar em pesos convertíveis era atendido na hora nos quiosques espalhados sob as árvores. Mas para comprar em pesos cubanos, como era o meu caso, precisava entrar na fila. Demorava, às vezes até uma hora. Mas o custo era 25 vezes mais barato. Valia a pena.

Valia a pena também ir ao cinema, havia duzentos na cidade. Pelo equivalente a 20 centavos de real assisti no Pairet, em Centro Havana, ao *Ceguera*, o filme de Fernando Meirelles baseado no livro de José Saramago, e muitos documentários no cine Yara, no Vedado, em frente à Coppelia.

Às vezes eu sofisticava o almoço e comprava no Barrio Chino uma *cajita* de arroz frito com pedacinhos de carne de porco e cebolinha verde. Para beber, uma cerveja Tinima, a única vendida em pesos cubanos. Por ser de baixo teor alcoólico, não frequenta os bares estilo "Hemingway" da cidade. Como os havaneses, comia em pé, ao lado do quiosque.

Foi uma semana de fartura. Exceto o dia em que fiquei trancado no hotel, com diarreia, me diverti muito. Mas a dor de barriga nem foi lá grande coisa. Curei no dia seguinte com umas doses dum remédio feito à base de metilbromuro de homatropina (0,3 mg) e tartrazina amarilla (0,05 mg), que compadre Bernardinho tinha em casa.

O dinheiro acabou.

Fiz um balanço nas minhas coisas, separei tudo de que poderia me desfazer, voltei à barbearia e vendi ao Bernardinho: desodorantes, aparelhos de barba, cremes de barba, perfumes, chinelos, sabonetes, pente (outra vantagem de não ter cabelos) e algumas roupas. Passei nos cobres até uma camiseta do Grêmio e a mochila pequena.

Agora sim, havia forrado o poncho.

36

Hotel Habana Libre

Não resisti: coloquei sunga e toalha na mochila, peguei um *camelo* — ah, como era bom ter moeda nacional para andar de ônibus — e me fui para o Habana Libre, no Vedado, em frente à Coppelia. O bairro nem é tão longe, mas o calor desaconselhava qualquer caminhada. Ainda mais com o sol a pino. O hotel permite que não-hóspedes passem a tarde na piscina mediante a consumação mínima de 12 euros, e resolvi bancar. Eu merecia. A diarreia havia me enfraquecido, precisava me reanimar.

Antes de cair na água, onde pretendia ficar saboreando alguns daiquiris até a noitinha, fui conhecer o lugar, um luxo só.

Maior hotel de Havana, construído pelo grupo Hilton para que a burguesia cubana e norte-americana tivesse onde se refestelar nos bons tempos de Batista, ele se destaca no perfil da capital, podendo ser visto de qualquer parte da cidade. E não fica nisso. As obras de arte começam na fachada, onde há um mural com 670 metros quadrados, em estilo veneziano, assinado por Amelia Paláez.

Na lateral, o prédio fica numa esquina, os vestígios são mais recentes. Há um imenso painel onde se lê: "*Ante la cri-*

sis mundial capitalista 'no tenemos otra opción que unirnos para enfrentarla'". A frase foi extraída de um discurso recente de Raúl Castro.

Na entrada há uma maquete do hotel. Os cubanos são fanáticos por maquetes, elas existem em todos os lugares, inclusive uma da cidade, em tamanho gigante. Tão grande que há um museu exclusivo para ela em Havana Velha. No segundo andar do ex-Hilton pude admirar o painel *Carro de la Revolución*, feito com 525 peças de cerâmica por Alfredo Sosa Bravo.

Parei em frente a uma coleção de fotos. Em preto e branco, elas mostram cenas da grande festa de inauguração, comandada pelo Sr. e Sra. Hilton (Paris Hilton ainda não existia), das celebridades que passaram por ali nas últimas décadas e, claro, dos barbudos em ação dentro do hotel. Armas em punho, eles expulsaram os magnatas e tomaram posse do prédio em nome do povo: Fidel Castro chegou a governar o país a partir de uma suíte no 24º andar.

Administrado pela Gran Caribe em parceria com o grupo europeu Spain's Tryp Hotels, seus 574 apartamentos hospedaram o papa João Paulo II quando esteve na cidade. O cabaré Turquino, na cobertura, onde acontecem as maiores festas em Havana, foi transformado numa capela para que Sua Santidade pudesse rezar em prol dos bons costumes.

No lóbi, uma série com dez cartazes, em inglês e espanhol, mostra aos turistas as fotos de cinco cubanos e informa que eles estão injustamente encarcerados nos Estados Unidos como represália ao governo socialista da ilha. Chamados de contraterroristas e admirados como heróis nacionais, foram presos quando espionavam cubanos antirrevolucionários, considerados terroristas em Havana, no sul da Flórida.

Fernando González Llort, condenado a 19 anos de cadeia;

René González Seherrert, condenado a 15 anos de cadeia;

Antonio Guerrero Rodríguez, condenado a prisão perpétua mais dez anos;

Gerardo Hernández Nordelo, condenado a duas prisões perpétuas mais 15 anos;

Ramón Labañino Salazar, condenado a prisão perpétua mais 18 anos.

No cartaz, Fidel Castro afirma que "*y esto se hace contra hombres que, buscando información contra el terrorismo, defendían a su pueblo de la muerte*".

Ao lado da fotografia de René González Seherrert está uma frase sua, onde se defende: "*Por qué soy inocente? Porque ningún país debe castigar a los hijos de outro pueblo por las mismas razones que harían héroes a los hijos suyos.*"

Os cartazes estão espalhados por toda a cidade, especialmente nos locais frequentados por estrangeiros, como hotéis e pontos turísticos, e fazem parte da campanha que pede a volta deles a Cuba. Os jornais, as rádios e as tevês mantêm os cinco no noticiário, concursos literários entre os estudantes são realizados para homenageá-los.

Existe em todo o mundo, inclusive nos Estados Unidos, campanhas pela libertação dos prisioneiros, trancafiados há 11 anos. Nem tanto por entenderem que sejam inocentes, mas por considerarem exageradas as penas impostas pela Suprema Corte. Alegam que, afinal, eles não colocaram em risco a segurança do país.

A mim impressiona os tribunais norte-americanos se outorgarem o poder de condenar alguém além desta vida. Estariam encarregados de aplicar a justiça divina?

A decisão, longe de ser jurídica, foi política; do lado negro da política.

Como política é também a não concessão de visto para os familiares dos presos visitá-los nos Estados Unidos. Adriana Pérez O'Connor, esposa de Gerardo Hernandéz, o sujeito condenado a duas prisões perpétuas e mais 15 anos, todo ano solicita permissão para vê-lo e sempre lhe é negado o visto. Motivo? Segundo o Departamento de Estado, chefiado pela democrata Hillary Clinton, isso colocaria em risco a soberania dos Estados Unidos.

O cinismo da política externa norte-americana é uma das poucas coisas que ainda consegue me surpreender. Por mais que esteja acostumado com o cinismo humano. E olha que já vi de tudo, inclusive ditaduras comunistas.

Melhor trocar de roupa e mergulhar de vez na piscina.

37

Calle de los Mercaderes

O PÁTIO FICA nos fundos do restaurante, na sombra de algumas árvores. Os pássaros, após se refestelarem na água que jorra da fonte, desciam ao chão para ciscar entre as mesas. Isso numa das ruas de pedestres mais movimentadas de Havana Velha. La Torre de Marfil, o melhor restaurante chinês da cidade, sempre tinha promoções ao meio-dia.

A minha preferida era composta por uma entrada de *maripositas chinas y rollito de primavera con salsa agridulce*, um prato principal com *cerdo ahumado al estilo cantonés guarnecido con arroz frito*. Estava incluído no preço uma limonada. O problema era que se pedisse outra o custo da refeição quase dobrava.

Após o almoço eu caminhava alguns passos em direção ao bulevar Obispo, para tomar um chá muito especial.

Aprendi a tomar chá no Himalaia, percorrendo trilhas no Nepal. Frio e cansaço exigiam energias extras e o chá com leite era encontrado em todas as aldeias. Não era a mais requintada das bebidas, mas solucionava o problema; e acabei gostando. Volta e meia parávamos, para um fôlego, e ficávamos ao redor dos iaques conversando com os carregadores. E dá-lhe chá com leite.

Em Havana eu tinha melhor companhia: Eça de Queirós. Quando ele foi cônsul de Portugal na cidade, costumava tomar chá na Casa de las Infusiones. A moda pegou, os cubanos preservaram a casa de chá e agora ela é um dos locais mais agradáveis do Centro Histórico. Mesmo quem não gosta de chá se rende ao bom gosto.

Na parede, às costas do pianista, há um grande mural de azulejos com um desenho retratando o escritor de corpo inteiro, em tamanho natural, onde se lê: "Sobre a nudez forte da verdade o manto diáfano da fantasia." Assim mesmo, em português. Em meio ao espanhol caribenho e aos diversos sotaques estrangeiros era bom ler uma frase na "inculta e bela".

A casa de *infusiones y elixires* foi inaugurada em 1835 e desde então é especializada *en té y café servidos con bizcochos*. Ao compasso de fados clássicos, eu bebia chá verde com *pastelillos de bacalao*. No final, para não perder o hábito, um cálice de *vino* de Oporto.

Da parede, com o tradicional fraque, luvas e cartola nas mãos, o velho Eça me olhava. Tenho certeza de que ele aprovaria a comida chinesa seguida de chá com bolinhos de bacalhau e vinho do Porto.

Sendo além disso um cosmopolita, apoiaria também o jantar no restaurante do hotel Meson de la Flota, numa antiga taberna espanhola. Escorado no balcão, tomando uma sangria, pude assistir a alguns shows de flamenco que rivalizavam com os melhores que vi na Espanha.

Tudo entre a Plaza de Armas e a Plaza Vieja. Um passeio pelo mundo sem precisar sair da Calle de los Mercaderes.

38

Centro Habana

ELES NÃO deveriam confiar num estranho. Espero que tenham aprendido a lição. Apesar de que eu não era de todo estranho. Morava em Centro Havana havia quase um mês e passava na travessa entre San Lázaro e o Malecón todos os dias, quando ia ao Centro Hispano Americano de Cultura usar a internet. Ou ficar na sacada fotografando os carros antigos que passavam na avenida, tendo a entrada da baía de Havana ao fundo, especialmente o farol. Quando o fotógrafo não é dos melhores, a paisagem precisa ajudar.

Os garotos pegavam a bolinha de gude entre o indicador e o polegar, apertavam e ela espirrava certeira. Quero dizer, nem tão certeira assim. Não tanto quanto quem sabe jogar de unhaque, como era o meu caso. Guri, eu tinha a maior coleção de bolinhas de gude do beco onde morava com meus primos, no interior. E nunca perdi a habilidade.

Quando encontrei os meninos jogando, no meio da rua, lembrei dos velhos tempos. Fiz uma proposta: dava algumas canetas que havia levado como presente por duas bolitas. Aceitaram, rindo. Não sei de quê. Entrei no jogo. Uma hora depois todas as bolinhas de gude estavam em meu poder, e eles, indignados, em especial o pequeno Lázaro.

Lazarito e seus amigos moram nos prédios mais deteriorados de Havana. Corroídos pelo salitre ao longo dos tempos e sem manutenção, os cortiços trazem expostas as cicatrizes da pior fase econômica vivida por Cuba, o chamado Período Especial.

Explico.

Após o fiasco da invasão da Baía dos Porcos, Fidel Castro autorizou a instalação de mísseis russos de médio alcance na ilha, expondo o território norte-americano às armas nucleares soviéticas. A reação de Kennedy foi imediata: ordenou que a Marinha dos Estados Unidos cercasse Cuba e detivesse os barcos enviados por Moscou. O imbróglio colocou o mundo à beira de uma guerra nuclear e entrou para a história como a Crise dos Mísseis Cubanos.

Após seis dias de negociações secretas entre os cagaregras Kennedy e Khrushchev, a Casa Branca se comprometeu a não invadir Cuba em troca da retirada dos mísseis. A decisão foi tomada sem a participação de Fidel, que esbravejou por ter sido deixado de fora de tão importante acordo. Como recompensa, a União Soviética fez grandes investimentos em Cuba, além de comprar tudo que a ilha produzia.

Dependente de Moscou, quando o império comunista ruiu, em 1989, Havana entrou em colapso. Os Estados Unidos, lobo faminto ansioso para aniquilar Fidel, aproveitaram para dar o golpe de misericórdia: aprovaram uma lei que proíbe as subsidiárias de empresas americanas no exterior de negociarem com Havana (por isso meu cartão de crédito, emitido pela subsidiária brasileira do Citibank, não vale em Cuba). A mesma lei impede que navios, de qualquer país, que aportem em Cuba atraquem em portos norte-americanos nos seis meses seguintes.

Organizações internacionais calculam que 90 por cento do comércio banido por essa medida consiste de alimentos, remédios e equipamentos médicos. A American Association for World Health concluiu que o embargo causou mais mortes em Cuba do que todas as guerras enfrentadas pelo país em sua história.

Para os imperialistas ainda era pouco. Em 1996, foi aprovada uma lei que concede aos tribunais norte-americanos o direito de processar, em solo estadunidense, subsidiárias de empresas de qualquer país que tenham negociado com as companhias nacionalizadas em Cuba. Mais: qualquer cidadão que visitar Cuba, seja do país que for, não recebe visto para entrar nos Estados Unidos. Por isso os cubanos não carimbam os passaportes dos estrangeiros. O controle diplomático é feito num documento anexo.

Mesmo condenada pela comunidade internacional, pois na prática essa lei estende o poder da justiça norte-americana às outras nações, ela continua em vigor. Pior: proíbe o presidente dos Estados Unidos, seja ele quem for, de levantar o bloqueio econômico enquanto o Partido Comunista de Cuba estiver no poder.

Segundo estimativas do chanceler cubano Bruno Rodrígues, divulgadas em 2010, tal embargo já custou ao país caribenho 236 bilhões de dólares.

Para sobreviver à perda do parceiro comercial soviético e ao endurecimento do embargo norte-americano o povo de Cuba precisou apertar o cinto. Durante esse Período Especial, cada cubano adulto emagreceu entre 2,25 kg e 4,50 kg devido ao racionamento de comida adotado pelo governo. Os investimentos, principalmente na manutenção dos prédios residenciais, foram suspensos. Muito da imagem que o mundo tem de uma nação faminta e uma Havana deteriorada se deve a esse período.

A situação começou a melhorar na última década, com o crescimento da indústria do turismo. A restauração da cidade foi iniciada pelos edifícios históricos e de importância arquitetônica e começa a chegar às residências familiares, mas ainda há bolsões abandonados como os cortiços em Centro Havana onde vivem meus amigos jogadores de bolinha de gude.

Eles estavam desiludidos. Lazarito imaginava que ficaria com minhas canetas e agora estava sem as bolitas. O magricela forçava para não chorar. Tinha os olhos rasos d'água, respirava fundo. Estava acostumado. Nascera tão doente que a mãe temeu pela sobrevivência do bebê.

Mas ele sobreviveu, e graças à promessa feita a Babalú Ayé, o orixá das doenças. Graça alcançada, ela deu ao garoto o nome de Lázaro; Babalú Ayé é identificado com São Lázaro. E se mudaram para a rua San Lázaro, onde vivem.

Os cubanos são assim, nunca desistem, não adianta. Pediram uma segunda chance e aceitei. Troquei quase todas as bolinhas de gude pelas canetas e reiniciamos o jogo. Passamos a tarde entretidos, eu cada vez mais contente, eles cada vez mais irritados. Ao escurecer, todas as canetas e todas as bolitas eram minhas.

Perderam com dignidade, em nenhum momento questionaram minhas jogadas ou reclamaram para algum adulto que eventualmente assistia ao jogo. Vez que outra um marmanjo parava e acompanhava algumas partidas, calado. Ficava por ali, acocorado, balançando a cabeça; e sem mais nem menos caía fora.

Duas ou três mulheres também pararam, uma delas irmã de Lazarito. A moça se apresentou assim. Foi o que disse. Não era sarará como ele, deviam ter pais diferentes. As cubanas não perdem tempo. Bem, isso já é por minha conta. Ela ficou pouco tempo, devia ter algo mais importante para fazer em Centro Havana. Pelo menos mais lucrativo. Lazarito foi se conformando. No final, todos estavam resignados.

Antes de ir embora distribuí as bolinhas de gude entre eles. Em partes iguais. As canetas não, essas eram minhas. Anistia sim, prêmios não. Que começassem logo a aprender a não confiar em estrangeiros.

39

Casa Particular

As CAMPAINHAS me confundiam. Eram diversas, enfileiradas uma acima da outra, e cada uma delas tocava numa habitação diferente. Custei a memorizar a da minha casa. Depois tinha que subir a escada. Estreita, íngreme e escura, em certas noites era um perigo. Mas quando saía no terraço, tudo mudava.

O sol iluminava o jardim bem cuidado. As roupas, secando no varal, coloriam o ambiente. Havia quatro moradias, duas de cada lado do pátio, separadas pelos vasos de flores, que formavam um muro verde. Estava no apartamento da esquerda — pura casualidade — e meu quarto ficava no fundo do corredor externo.

Após algumas semanas no Lido, em Centro Habana, resolvi mudar para Havana Velha. Troquei de bairro e de hotel por uma casa particular, queria conviver com uma família cubana.

Em mais uma das reformas liberalizantes, feitas a conta-gotas, Fidel Castro permitiu a cada família alugar dois quartos para turistas estrangeiros; no máximo dois hóspedes por quarto. O preço era o mesmo para uma ou duas pessoas, pois eles alugavam o quarto. O valor regulava com o Lido, mas por estar sozinho me custaria mais caro.

Expliquei a situação, barganhei um pouco, fizemos algumas contas e me deram um pequeno desconto, igualando à diária do hotel. Estávamos no quinto andar. O quarto tinha acesso independente, cama de casal, ar-condicionado, tevê a cabo, frigobar, banho quente 24 horas por dia, escrivaninha em frente à janela ensolarada e uma bela vista para o jardim.

Outra coisa boa era poder lavar as roupas num tanque e secá-las no pátio interno. No Lido, lavava na pia e colocava na sacada. Em todas as moradias, as roupas secavam nas sacadas, mas ver minhas cuecas tão expostas me constrangia.

Uma semana depois ganhei a chave da porta do edifício, não precisaria mais acordá-los quando chegasse muito tarde. Uau! Verdadeiro adolescente emancipado. Precisava arrumar o que fazer com essa liberdade toda. Por ora o charme era o papo com os proprietários. Generosos, me tratavam como um velho membro da família. Bem, quase.

Pedrito e Carmencita tinham um filho em Miami. Eles falavam de tudo, menos do rapaz. Tentei algumas vezes, depois desisti. Conversavam pelos cotovelos e se não queriam papo sobre ele deveriam ter bons motivos. Em Havana todos são desconfiados. Deixa pra lá. Eu queria merecer a confiança deles, não assustá-los.

Mais tarde ouvi de uma vizinha que o rapaz fugira para a Flórida numa balsa improvisada e nunca mais souberam notícias. O casal não aceitava que Aurélio pudesse ter morrido na travessia, e vivia dizendo que ele estava em Miami. Margarita, a vizinha linguaruda, achava que de tanto repetirem a história eles passaram a acreditar que o garoto trabalhava nos Estados Unidos.

Outra vizinha, uma velha macumbeira que ganhava a vida fazendo despacho nas esquinas, contratada pelas cubanas que sonhavam com um marido que as levasse do país, me contou diferente: Aurelito era viado. Não, viado é pouco — era uma bichona. Daquelas! Desmunhecava e se vestia de mulher. Vivia dando o rabo para os negrinhos do cortiço. É sim, senhor, isso mesmo. Por Iemanjá.

Vai que um dia Pedrito descobriu. Pela Virgem! Foi um choque. Pedrito, o machão do bairro, o comedor das mulatinhas mais bonitas, até casou com uma doutora, com um filho bicha. Carmencita interveio, colocou panos quentes. Ela conhecia muitos assim, Havana estava cheia de *locas* e ninguém reclamava. Havia também mulher que era homem, e tudo bem. Podia ser normal, mas não para Pedrito. O estrago estava feito. Com toda essa confusão o rapazote sumiu. Escafedeu-se. E com razão. Ainda tinha um pouco de vergonha na cara. O compadre não acha?

Sumiu pelo mundo, nunca mais foi visto. Pedrito diz que ele fugiu para Miami com outros balseiros. Vive lá e está bem, às vezes manda dinheiro para a família. Mas a história da bichice do menino é segredo. Sei porque vi nas cartas. Ah, meu filho, isso mesmo. Toda a história, tim-tim por tim-tim. Sem tirar nem pôr. Vi nas cartas e confirmei nos búzios. Iemanjá é testemunha.

Bueno, para ser bem franco, para mim tanto fazia qual das histórias era a verdadeira. Talvez nenhuma. Quem sabe as três. Se o cara estava em Miami bem empregado, se havia fugido por ser homossexual ou se fora comido pelos peixes no fundo do mar, quem se importava? Além das fofoqueiras, só a família.

Pedrito era rabugento. Talvez por isso. Sentava na cadeira de balanço, ao lado da imagem de Obatalá, que ele tinha na sala, acendia o charuto e começava a reclamar, em especial das taxas. Um pouco para não me dar um desconto maior na diária, outro porque eram altas mesmo. Ele pagava ao governo um imposto fixo mensal mesmo quando os quartos não estavam alugados.

Um valor pelo quarto e outro pelo café da manhã, eu devia acreditar. Obatalá era testemunha. Sim, o pai de todos os orixás estava ali, de testemunha. Então eu devia acreditar. Precisavam desse controle para autorizá-lo a comprar ingredientes especiais para o desjejum. Isso era bom, o café da casa era melhor que o do Lido. Mas essas coisas eu não disse, o instinto capitalista dele já estava inflado demais.

O casal custara a obter autorização para receber hóspedes, exigiam muitos papéis. Ainda exigem. Ele tinha um dia para informar ao governo que eu estava hospedado com eles. Ah, e se eu quisesse levar alguma namorada cubana para o quarto, e isso ele disse baixinho, afastando a cabeça da imagem do orixá, precisaria anotar o nome dela. Não que fosse informar às autoridades, é proibido, mas precisava saber quem era porque se desaparecesse alguma coisa na casa, ele saberia onde encontrar a moça.

Passamos muitos fins de tarde na sacada do apartamento jogando dominó e falando da vida alheia, em especial das filhas assanhadas da viúva que morava no outro lado da rua. Eram bonitas, as danadas. O pai morrera na África, um dos 14 mil soldados cubanos mortos em defesa do Movimento Popular de Libertação de Angola, e agora elas se viravam como podiam. A velha recebia uma pensão, mas era insignificante.

Quando queríamos criticar o governo, e fazíamos com frequência, falávamos baixinho. O vizinho do andar de baixo era presidente do Comitê de Defesa da Revolução naquela quadra, podia nos ouvir. Pedrito era escaldado. Quando não se continha e esbravejava contra o Partido, logo se acalmava. Como por encanto. Um passe de mágica. Puro instinto. E passava a cantar a *Marcha de 26 de Julho*. Em voz alta, para o vizinho ouvir.

Um dia ele conversava com um espanhol no centro da cidade quando o assunto chegou a Fidel Castro. Ele fez os maiores elogios ao Comandante, e o galego, um pouco surpreso, perguntou se ele não conhecia Castro. Pedrito respondeu que Fidel Castro ele conhecia muito bem. Ele não conhecia era o espanhol.

Carmencita era médica e filha de Iemanjá, devota de Nuestra Señora de Regla. No momento trabalhava num hotel de luxo monitorando a temperatura dos hóspedes. Cuba estava livre da gripe suína, era preciso impedir que algum estrangeiro a trouxesse para a ilha. No Lido, todas as manhãs, na hora do café, fui examinado por um médico pelo mesmo motivo.

Falamos da economia do país. Pedrito não estava satisfeito com a situação. Ela concordou. Reclamava dos baixos salários pagos pelas estatais. Eles não viam melhoras no curto prazo e acreditavam que o país precisará renovar as lideranças políticas. Gostei do eufemismo.

Gostei também da conversa, o casal estava nas duas extremidades dos sistemas econômicos: o marido, empreendedor, reclamava dos altos impostos; ela, empregada, reclamava dos baixos salários.

Tempos difíceis. Sei como é. Vivo assim. Vivemos.

40

Organopónico Plaza

Nascido numa vila ferroviária, sou da geração que se criou sem agrotóxicos. Sou também da velha geração AM. Meu primeiro contato com o mundo foi através da amplitude modulada das rádios que meus pais ouviam em nossa casa. Minha mãe escutava radionovela, meu pai gostava da música gauchesca. Eu adorava futebol. Ainda hoje ouço mais rádio do que assisto tevê. Embora ambos, rádio e tevê, tenham me perdido, em grande parte, para o computador. Normal.

Pedrito me emprestou um radinho de pilha e retomei um velho hábito: deitar escutando rádio. Ouvia a Taíno, a Rebelde e a Ciudad de la Habana. Os locutores se sucediam. Com voz empostada, passavam muita informação, especialmente sobre a programação cultural e esportiva da cidade, e música, muita música, de rumba a Supertramp, passando por Los Van Van, a mais popular banda de salsa de Cuba, vencedora de um Grammy. Ouvi até Roberto Carlos cantando em espanhol. Música de todos os níveis.

A falta do bar com serviço 24 horas que eu tinha no Lido me obrigou a improvisar uma pequena despensa no quarto. Passei a me abastecer de frutas e verduras no Mercado

Agropecuario Egido, ali perto, e no Organopónico Plaza, um pouco mais longe.

Nos últimos anos os agricultores estão autorizados a oferecer os excedentes da produção (o que sobra das cotas que são obrigados a vender ao governo, produtos que vão para as *bodegas* e os restaurantes estatais) diretamente aos consumidores em diversos *agropecuarios* espalhados pela cidade. Nessas feiras livres os *guajiros* vendem de tudo, menos carne de gado, monopólio do Estado.

Os *organopónicos* comercializam produtos orgânicos e são resultados de um projeto implantado quando Cuba deixou de receber fertilizantes e pesticidas da União Soviética, acabando com a produção agrícola em grande escala. Devido ao bloqueio econômico norte-americano, que impede a importação desses produtos de outros países, o governo criou um programa alternativo.

O Programa de Agricultura Urbana, que desenvolveu novas técnicas de produção orgânica, foi centralizado em Havana, a cidade mais atingida pela crise alimentar. Terrenos baldios, jardins ornamentais, margens das ferrovias e mesmo as sacadas dos prédios foram transformadas em hortas orgânicas.

Além de ser uma revolução ecológica, o programa uniu a população em cooperativas e criou 320 mil empregos. Atualmente, ele ocupa 45 mil hectares e produz 3,7 milhões de toneladas de alimentos a cada ano sem usar uma única gota de agrotóxicos.

Com a despensa organizei um pequeno bar. Comprei rum Havana Club Añejo Blanco e Tu-Kola num armazém no bulevar San Rafael e passei a tomar cuba-libre com limão orgânico. A saideira passou a ser em casa, às vezes em companhia de Pedrito.

A cada gole eu derramava um pouquinho para Aggayú Solá. O orixá é associado a São Cristóvão, protetor dos viajantes, e também gosta dum trago ecologicamente correto. Antes de deitar eu aspergia rum num pequeno ramo de carqueja, que a vizinha da frente havia me dado, e fazia uma limpeza na cama.

Dormia um sono tranquilo e só acordava na manhã seguinte com o sol, que filtrava pela janela, batendo em meu rosto. E o melhor: muitas vezes com aquela sensação de não saber onde estava. Ao acordar, nossa alma, que durante o sono se liberta e vagueia pelo mundo, às vezes se atrasa encantada que estava com a vastidão das possibilidades.

Não a domino nessas viagens, feitas como uma onda de rádio por mundos sem poluição. Mas quando acordo de bom humor sei que me diverti enquanto dormia.

41

Plaza de la Revolución

Parei. Estava com o pé na calçada, a poucos metros dele, e o fuzil mirava direto no meu peito. Um pouco atrás havia outros guardas, todas as armas apontavam para mim. E eu só queria saber onde pegaria o *guagua* para Centro Havana.

Havia caminhado um bom tempo na praça, entre o memorial José Martí, a sede do Comitê Central do Partido Comunista de Cuba, o edifício da Biblioteca Nacional José Martí e o Teatro Nacional. Mas foi me aproximar do Ministério do Interior e a polícia surgiu. Não sei o que eles temiam, talvez que eu fosse um homem-bomba. Seria muito desperdício.

Na parede do edifício do Ministério do Interior existe a efígie gigante de Che Guevara, baseada na foto de Alberto Corda, que a gente vê nas grandes comemorações realizadas na Plaza de la Revolución.

A fotografia foi tirada durante a cerimônia fúnebre realizada em homenagem às vítimas do *La Coubre*, um cargueiro francês afundado pela CIA na baía de Havana. Um dos tantos ataques terroristas protagonizados pelo governo democrático dos Estados Unidos contra a ditadura cubana.

A expressão desafiante e o olhar consternado do guerrilheiro, fixado no futuro, captados pelas lentes da Kodak Plus-X, se transformou na fotografia mais famosa do mundo e um dos ícones do século XX. *Hay que endurecerse, pero sin perder la ternura jamás.* Conhecida como Guerrilheiro Heroico, trata-se da foto mais reproduzida pela imprensa internacional.

Na época, a foto passou despercebida. Mais famosos foram os retratos que Alberto Corda fez de Jean Paul Sartre e Simone de Beauvoir. Após a morte de Che Guevara, o editor italiano Giangiacomo Feltrinelli transformou a fotografia num pôster, utilizado na divulgação dos diários de Che na Bolívia. E ela ganhou o mundo.

A versão em contraste, feita pelo irlandês John Fitzpatrick, inspirou um novo gênero artístico, influenciando de Andy Warhol às bandas de rock. Encontrei uma versão estilizada na parede de um bar no interior do Vietnã. O nome estava grafado em Quôc Ngu, a língua local: Chay Gay-vah-rah.

Alberto Korda, fotógrafo cubano especializado em moda e que viveu como playboy na Havana de Fulgencio Batista, não se importava com a utilização da foto pelos movimentos sociais. Adepto da Revolução, seu desgosto era ver a imagem estampada em produtos comerciais.

Pouco antes de morrer, em 2001, ele conseguiu, nos tribunais internacionais, frear o uso indevido da foto. Ganhou uma causa milionária da Smirnoff e doou o dinheiro ao sistema de saúde de Cuba. Disse que Che faria o mesmo se estivesse vivo. Os direitos atuais pertencem à filha de Korda, Diana Diaz.

A uns 10 metros do policial, gritei que precisava de uma informação, apenas isso, não pretendia entrar no prédio da famosa efígie. Ele explicou, também aos gritos, que a parada do ônibus para Centro Havana ficava na rua lateral.

Dei as costas aos policiais, a Che Guevara e aos fuzis e saí em busca do meu ônibus.

42

Real Fábrica de Tabacos Partagás

UNS VIVALDINOS, isso sim.
Mais do que revolucionários, os cubanos são uns vivaldinos a serviço do lucro: fazem dinheiro de todas as maneiras. Interessa ao turista, eles mostram; e cobram caro. As empresas estatais exploram todas as possibilidades de faturar CUC (*Cubam unit currency*), os tais pesos conversíveis que os estrangeiros compram com moeda forte, especialmente euro, libra e dólar canadense, depois utilizadas no pagamento das importações.

Como todos, não pude evitar uma visita à Partagás. Os visitantes que desejavam conhecer a fábrica eram agrupados por idioma: inglês, francês ou espanhol, no máximo umas dez pessoas. O próximo grupo seria formado na primeira hora da tarde e eu deveria comprar o ingresso no hotel Saratoga, no outro lado do Parque de la Fraternidad.

Tudo muito bem controlado.

Como em qualquer tour que se preste, começamos por uma aula de história no saguão da fábrica e, claro, no final terminaria na loja de charutos, com direito a degustação numa sala contígua. Eles devem ter aprendido com os capitalistas norte-americanos a como tirar o dinheiro dos turistas, e não titubeiam. Além de explorar o turismo eles aprenderam a explorar o turista. Bons discípulos.

Eu havia comprado um Cohiba ali, sabia como funcionava. Imaginei que fosse mais barato do que nas outras lojas, mas todos os produtos são tabelados, independe de onde se compre. Descontos, nem pensar. Acostumado a pechinchar pelo Terceiro Mundo, às vezes me esquecia que Cuba ainda pertence ao Segundo Mundo.

Cuba é habitada há quatro mil anos, mas os taínos, procedentes do delta do Orinoco, na América do Sul, e que estabeleceram as bases da nacionalidade, chegaram há menos de mil anos. Socialmente organizados, comandados por um cacique, se destacavam na agricultura, pesca e construção de barcos, tendo introduzido na ilha a maior parte dos produtos ainda cultivados.

Foram os primeiros a trabalhar o tabaco para que suas folhas pudessem ser torcidas e fumadas. Cohiba, a mais famosa marca de charutos em todo o mundo, significa *cigarro* na língua taíno.

Vamos ao tour, que me custou quase o preço que você pagou por este livro.

Em 1845, Don Jaime Partagás batizou uma nova marca de *havanos* (charutos produzidos na ilha). Apaixonado pela beleza feminina, como todo cubano, dono de *vegas* (plantações de fumo) em Vuelta Abajo, visitava as fazendas para conferir os progressos das lavouras e desfrutar a juventude das belas mulheres que trabalhavam sob seu comando.

Amores, ciúmes e vingança estão relacionados com seu assassinato. O velho safado foi encontrado morto, numa certa manhã, envolto em misteriosas circunstâncias, numa de suas propriedades.

A Real Fábrica de Tabacos Partagás continua no antigo prédio, no centro de Havana, logo atrás do El Capitolio. Possui 650 funcionários, um seleto grupo de torcedores de folhas treinados no local, onde também funciona uma escola profissionalizante, e continuam a elaborar excelentes charutos. Como no tempo de dom Jaime, o processo permanece manual. E as mulheres, lindas. Para deleite dos safados, velhos ou não.

Passamos por todos os setores, da entrada das folhas de fumo ao fechamento das finas caixas italianas, que sairiam dali para ganhar o sofisticado mundo dos apreciadores de charutos, desde os tempos de Winston Churchill, como se pode ver em todas as fotografias do político britânico, até os dias atuais. Ainda hoje Churchill é sinônimo de charuto, especialmente aqueles longos fumados pelo baixinho inglês.

Fazia calor e as muitas salas por onde se distribuía a linha de montagem das diversas marcas, em três andares, permaneciam com o clima natural, essencial para não interferir na qualidade do fumo. Todos transpiravam, mas os dedos hábeis dos profissionais seguiam o ritmo da música ambiente, uma salsa.

Todas as *vitolas* (modelos de charuto conforme o comprimento, a circunferência e a configuração) da Partagás são reconhecidas pelo aroma e pelo sabor meio forte, torcidos com muito cuidado e cobertos por uma capa de folhas especiais, geralmente de cor mais clara. Entre os puros enrolados na fábrica, além do Partagás, estão Montecristo, Romeu y Julieta e Cohiba. Para fabricar os Cohibas são usados os melhores fumos. As folhas selecionadas provêm das *vegas* em Vuelta Abajo, região de Pinar del Rio. O tabaco recebe uma terceira fermentação em barris, imprimindo um sabor mais suave.

Cada charuto é enrolado com quatro tipos de folhas, classificadas conforme a posição no caule na hora da colheita: as que ficam na ponta de cima, que recebem mais sol, as que ficam um pouco abaixo, as que ficam mais abaixo ainda e as que ficam totalmente embaixo, todas com funções específicas. Uma das camadas serve, por exemplo, para manter o charuto aceso. Nos falsificados, que não utilizam essas folhas especiais, a tendência é o fumo se apagar.

Bem, agora você saberá quando comprar um charuto falso. Pena que será tarde demais. Não dá para testá-lo antes, como alguns europeus fazem com os fósforos.

A guia explicou que a quantidade de cada tipo de folha, o que dá o toque especial a cada um deles, é segredo, só os técnicos da Partagás conhecem. Ah, tá. Logo quando me tornava um *expert* no assunto ela vem dizer isso. Já tinha pensado em voltar ao Brasil e, como todo bom jornalista, escrever uma reportagem definitiva sobre a arte de fazer Cohibas.

Essa história começou com Bienvenido "Chicho" Perez, um guarda-costas de Fidel Castro. O líder cubano notou que Chicho fumava um charuto aromático, muito bom. Questionado pelo chefe, explicou serem feitos por encomenda a Eduardo Rivera, um amigo.

Fidel pediu que Eduardo Rivera também passasse a fabricar seus *havanos*, produzidos nos formatos Lancero (192 x 15,08 mm) e Corona Especial (152 x 15,08 mm). O Comandante passou a *regalar* chefes de Estados e outras autoridades com os Cohiba e o charuto ganhou destaque mundial.

Durante a Copa do Mundo de futebol na Espanha, o líder comunista resolveu comercializar a marca pessoal, uma maneira de capitalizar o país. Foi então lançada a Linha Clássica, em três *vitolas*: Panetela (115 x 10,32 mm) e os já existentes, Corona Especial e Lancero. Mais tarde outros três tamanhos foram acrescentados: Robusto (124 x 19,84 mm), Exquisito (125 x 14,29 mm) e Espléndido (178 x 18,65 mm). Em comemoração aos quinhentos anos da viagem de Cristóvão Colombo, a Habanos S.A., estatal responsável pelas fábricas, lançou a Linha 1492: cada tamanho foi denominado com um século que se passou desde o descobrimento: Siglo I (102 x 15,87 mm), Siglo II (129 x 16,67 mm), Siglo III (155 x 16,67 mm), Siglo IV (143 x 18,26 mm) e Siglo V (170 x 17,07 mm). Em 2002, o Siglo VI (150 x 20,64 mm) se juntou aos anteriores.

Além da produção regular, a Habanos S.A. fabrica tiragens especiais dos Cohiba para eventos e comemorações. Por ocasião do Festival Anual Habanos é produzido o famoso *Edición Limitada*, com folhas mais escuras.

Quando nos preparávamos para deixar a fábrica, uma funcionária colocou um feixe de charutos sobre a mesa de uma trabalhadora e ela escolheu três. Fiquei olhando: ela cheirou, passou nos lábios e guardou na sacola. Aos poucos, cada empregado recebia seus *havanos*.

Na saída, perguntei à guia se eles ganhavam charutos e ela disse que sim, no final da jornada cada um recebia três puros, escolhidos entre os que não haviam passado no rigoroso controle de qualidade, especialmente no quesito das bitolas.

Caramba!

Nos dias seguintes voltei ao Parque de los Enamorados na esperança de encontrar o rapaz que outro dia me oferecera charutos pela metade do preço. Queria dizer que agora sabia que ele não os havia roubado de Fidel, tampouco tentava me lograr, mas não o vi mais.

Por desconfiança, havia perdido um bom negócio.

43

Playas del Este

PARECE, MAS não é. Ir à praia em Havana, a praia frequentada pelos havaneses, parece simples, mas não é. Na verdade, foi uma epopeia, tanto na ida quanto na volta. E como tudo nesta terra histórica, o passeio foi impregnado de histórias, algumas com final trágico.

Cheguei cedo ao terminal da balsa. Ela faz a travessia da baía de Havana, ligando a capital à pequena Casablanca. As docas estão em frente à Fundación Havana Club, perto da residência onde me hospedava. Os horários são frequentes, o valor da passagem é insignificante, a viagem dura poucos minutos, as lanchas estão caindo aos pedaços. Mas a segurança! Antes do embarque as pessoas passam por detectores de metais e as bagagens, inclusive as bolsas, são revistadas.

Há alguns anos, três homens sequestraram uma das balsas e tentaram fugir para os Estados Unidos. Foram presos, julgados, condenados à morte e executados nove dias depois do crime. Até José Saramago, o último comunista europeu, se revoltou. O mundo ama Cuba. O mundo odeia Cuba. Cuba não desperta meias paixões. Nem meios ódios. Ou você é contra. Ou você é a favor. A ilha tem personalidade própria e isso incomoda. Incomoda todos os lados. Como certas amantes.

Bem. Com a vitória da Revolução, um grande número de políticos, militares e empresários se exilou em Miami, onde criaram a Cuban American National Foundation, uma poderosa organização que até hoje luta para anular as desapropriações na ilha. A fundação lidera a maioria das campanhas contra os irmãos Castro no exterior, muitas com a ajuda do governo norte-americano.

Em 1980, após um grupo de dissidentes asilar-se na embaixada do Peru, Fidel Castro permitiu que 120 mil pessoas deixassem a ilha em direção à Flórida. Na época, o líder cubano aproveitou e esvaziou as cadeias do país. Para muita gente, se fez justiça. Ouvi isso por aqui. Mais de uma vez. À boca pequena.

As pessoas na rua, sempre que se referem ao Fidel — e o fazem com um gesto mostrando a barba, sem pronunciar o nome —, falam baixinho. Não é para menos. As coisas por aqui acontecem muito rápido, às vezes nem levam nove dias.

A terceira onda de emigração teve seu auge no *Período Especial*. Após coibir a fuga de cubanos para a costa americana, Fidel Castro liberou a saída e 30 mil pessoas se jogaram ao mar em balsas improvisadas, algumas delas pouco mais do que tábuas amarradas a pneus velhos.

O governo norte-americano, que sempre incentivou as evasões para usar como propaganda anti-Castro, agora temia um êxodo gigantesco. A Guarda Costeira dos Estados Unidos passou a interceptar as balsas e levar os fugitivos para a base naval em Guantánamo. Os balseiros, para despistar a marinha, se arriscavam ao máximo, e grande número de cubanos morreu no mar.

A *lanchita* chegou ao outro lado da baía, em Casablanca, e fui direto para a estação de trem, ali perto. Teria uma hora e pouco até Guanabo, a praia havanesa mais afastada do centro, aonde as famílias vão aos domingos. Entre Guanabo e Havana Velha o litoral está infestado de resorts. Cubano não entra; a não ser como empregado. E turista, só os ricaços. Não era o meu caso. Nem um, nem outro.

No começo do século passado, a americana Hershey Chocolate Company construiu 90 quilômetros de ferrovia até Matanza, a quatro ou cinco horas de Havana. As máquinas elétricas, os vagões, os trilhos e as estações são daquela época. Funcionam graças à capacidade dos cubanos em reformar, reformar e reformar tudo no país. Na prática, os cubanos são uns reformistas.

Enquanto esperava a partida do trem me diverti conversando com um garoto. Jeferson e a mãe iriam para Hershey, faríamos um trecho da viagem juntos. Ela era mãe de santo e se prontificou a me dar um passe. Aliviava o calor. Por alguns pesos. Queria mesmo era me ajudar. Os cubanos são assim, muito gentis com os estrangeiros. Sei.

O marido estava na cadeia e ela ganhava a vida como podia. Era um bom homem, eu devia acreditar. Pela Virgem de la Caridad del Cobre. Matara um policial em legítima defesa, mesmo assim fora condenado. O senhor sabe como são essas coisas, há muita injustiça neste mundo sem Deus. Ela jurava em nome da padroeira de Cuba para reclamar da ausência de Deus.

Preferi conversar com o menino, era demais de esperto. Quando eu disse que era brasileiro ele perguntou se a nossa bandeira era aquela verde, amarela, azul e cheia de estrelinhas. Estava na segunda série, sabia muitas coisas do alto dos seus 8 anos. Ficamos por ali, entediados, esperando o trem. Ele precisava chegar para só então partir. Foi o que aconteceu. Com o atraso esperado. Os trens são assim.

Saímos da cidade e logo entramos numa área de campos e lavouras, aqui e ali uma casa. Pela janela a viagem ficava cada vez mais pitoresca, no vagão os bancos puídos me constrangiam. Tentei imaginar a velocidade: vinte? Vinte e cinco? Às vezes diminuía, às vezes aumentava. Quando aumentava parecia que o trem iria descarrilar, então diminuía. Assim nos fomos. Mais sacudindo que avançando.

A trepidante Havana ficou para trás. Por um momento me desfazia da cidade onde mergulhara as últimas semanas. Uma espécie de férias. Viajava para o litoral, para curtir a praia. Mas já com saudades da capital. Havana, a capital de todos os cubanos. Não nasci nela, mas de certa forma me sinto um pouco havanês. Mais havanês do que cubano. Ao ver os últimos edifícios, lá por trás de algumas árvores, senti isso: um pouco de mim ficava no Malecón e seus arredores.

Ah, volto no final da tarde, querida. Será apenas um dia. Nem tanto; algumas horas. À noite você estará frenética, espere por mim. Brindaremos, fumaremos e amaremos sob as estrelas do Prado, do bulevar Obispo, da *calle* Mercaderes. Será um grande reencontro. Espere.

As vacas começaram a surgir. São monopólios do Estado, mesmo assim me pareceram iguais às vacas que eu conheço no interior do Rio Grande do Sul. Com aquelas caras de tédio, acho que elas nem sabem da sua exclusividade.

Desci na área rural de Guanabo, uma simples parada no meio do campo. Não fosse o chefe de trem avisar nem teria me dado conta. Perguntei onde ficava a praia e ele mandou seguir a estradinha que cortava os trilhos. Caminhei mais de hora pela tal estradinha deserta, sob aquele sol, entre as vacas de Fidel, até chegar à vila e logo na beira do mar.

A praia estava cheia, famílias inteiras de molho na água azul do Caribe. Velhos, adultos, jovens, crianças; uma festa. Quem não se banhava, almoçava. Na sombra dos guarda-sóis, dos caminhões, dos ônibus e dos velhos carros ou embaixo das palmeiras, o pessoal comia e bebia tudo que levara de casa, cestas e mais cestas de quitutes. Ai, ai, quem me dera. Não havia comércio. Nada de quiosques ou vendedores ambulantes.

Caminhei, caminhei e caminhei pela beira da praia até encontrar um trailer embaixo de umas palmeiras. Vendiam água, sucos e batatas fritas. Mas tinha música brasileira. Uma jovem usava uma camiseta verde-amarela onde estava escrito Brasil, uma família inteira descansava sobre uma toalha em forma da nossa bandeira. Aproveitei a sombra, nada mais havia para fazer, já que não sou muito de entrar na água.

Cada um, cada um, certo?

No final da tarde caminhei até o centro da vila, queria pegar o *guagua* 400 para Centro Havana. Passaram muitos, cada qual mais cheio. Impossível embarcar. Bem, os caras embarcavam. Homens, mulheres e crianças. Famílias inteiras. Não cabia mais ninguém, mas embarcavam.

Eu esperava um menos lotado quando me dei conta: quanto mais tarde, mais gente haveria nos ônibus. Então fiz como os demais veranistas: fiquei no meio do bolo de gente e quando o ônibus parou todos subiram, eu inclusive; mesmo que não quisesse.

Iniciamos a volta para Centro Havana, 27 km da praia, pela Via Blanca, uma bela autoestrada com pouco movimento de carros. Passamos pelas praias dos resorts: Boca Ciega, Santa María del Mar, Santa María Loma, Tarará e Bacuranao, todas desertas. O pessoal se restringia às piscinas dos hotéis, no máximo ao pedaço de areia em frente ao prédio. Gente fina.

Entramos na Via Monumental e passamos por Cojimar, a pequena vila costeira onde *El Pilar*, o barco de pesca de Hemingway, ficava ancorado. A aldeia e o pescador Gregorio Fuentes serviram de inspiração para o livro *O velho e o mar*. Todos amam Hemingway, todos conhecem Santiago, mas quem se importa com Gregorio Fuentes? Morreu ali, velho como o mar.

Cruzamos o estádio Panamericano, o túnel sob a baía de Havana e saímos no Parque Mártires del 71, em frente à estátua equestre de Máximo Gómez, em Centro Havana. Desembarquei no Parque Central ao escurecer, cansado de um domingo na praia onde sequer molhei os pés.

Passei uma temporada na maior ilha do Caribe, em pleno verão, sem entrar uma única vez no mar. Alguém explica? Não, acho que nem ele. Você, então, nem tente. Ir à praia parece uma coisa simples, mas não é. Nem para os havaneses, nem para mim.

Estou me urbanizando de novo.

44

Hospital Nacional Hermanos Ameijeiras

Acharam que passariam incólumes? Bem capaz. Foram traídas pelos chinelos. Melhor: pela bandeirinha do Brasil estampada nas tiras das havaianas. Descobri as belas no bulevar Obispo, no maior passeio. A festa de formatura em Medicina seria no dia seguinte; faziam umas comprinhas de última hora. Como sempre. A mineira Sarah Zapico Bretas e a paulista Ana Rosa Sant'Anna Tavares. Umas gracinhas.

Ana Rosa estava feliz. Casara com um gaúcho, colega de turma, e desejava continuar os estudos em Cuba. O nível da faculdade era bom, tinham aulas práticas já no primeiro semestre. A mãe de Ana Rosa, que estava com ela, viera a Havana para a formatura da filha. E me disse, com os olhos marejados, que se não fosse o ensino gratuito, Ana Rosa jamais se tornaria médica.

Sarah era branca, alta e muito chique. Pretendia aproveitar a base adquirida em Havana e se especializar na Europa. Ana Rosa era morena, baixa e muito simpática. Pretendia se especializar em saúde pública e trabalhar no interior do Brasil. Mas nos adereços elas se traíam: não podiam negar que pertenciam à mesma tribo.

Ana Rosa prometeu me levar para conhecer um hospital, mostrar como funcionam os serviços médicos em Havana. Pena que, no dia combinado, ela não apareceu. Deixou-me plantado, horas a fio, em frente ao cinema Yara. Para não perder a caminhada até o Vedado atravessei a rua e fui tomar sorvete na Coppelia.

Não desisti. Apelei para Carmencita. Ela me indicou uma colega que trabalhava no hospital nacional Hermanos Ameijeiras. Peguei um *bicitaxi* e lá me fui. O terreno é plano, mas o esforço do ciclista me deixou constrangido. Pedalava suando, sob aquele sol, para levar-me atirado no banco do triciclo.

Tive experiência semelhante em Hanói. Depois li que o governo do Vietnã pensava em proibir os riquixás, lá chamados de *cyclos*, por serem degradantes para os trabalhadores comunistas. Comentei com o cubano e ele se ofendeu. Era um profissional, não precisava da minha compaixão. Que bom.

Ele me deixou em frente ao prédio. Sem gorjeta, só o valor combinado. Também tenho o meu orgulho. Em especial nessas ocasiões.

Mais alto edifício de Centro Havana, seus 24 andares foram construídos em 1980, pouco antes de Cuba entrar no Período Especial. Que, como sabemos, de especial não teve nada. Mas vá lá.

O hospital fica em frente ao enorme monumento dedicado a Antonio Maceo, perto do Torreón de San Lázaro, antiga torre de observação construída pelos espanhóis, a poucos metros do Malecón. Além de atender a população do país, de graça, abriga diversas clínicas especializadas no tratamento de estrangeiros. A consulta para um gringo custa 20 euros e se você tiver o azar de ser internado vai pagar uma diária de 60 euros.

Conversei longamente com a *Doutora* amiga de Carmencita. Ela ganhava pouco mais do que Bernardinho, o barbeiro, e eu queria saber se não achava injusto. Afinal, ela estudara a vida inteira, ele não.

Não, ela não achava injusto. Primeiro: ganhava mais do que ele. Pouco, mas ganhava mais. Segundo: por que deveria ganhar muito mais do que ele se foram pessoas como ele que pagaram seus estudos? É possível que ele não tenha estudado para que ela pudesse estudar. Afinal, não haveria vagas para todos. Assim, uns pagam e outros estudam. Então por que, agora formada, exploraria exatamente as pessoas que pagaram para que ela pudesse estudar?

Bem, na verdade, quero dizer, na verdade é que, bem, na verdade eu não sabia responder à pergunta dela. Os cubanos têm mania de fazer essas perguntas difíceis.

Expliquei que no Brasil os médicos, mesmo os que estudam na universidade pública, quando formados cobram pela consulta valores que a maioria da população não tem condições de pagar. Ah, lembrei também dos que se doutoram no exterior com as despesas pagas com dinheiro público. Alguns desses conseguem bons empregos em outros países e nunca mais voltam ao Brasil.

A *Doutora* pensou um pouco e disse que não entendia o Brasil. Falei para não se preocupar, a maioria dos brasileiros também não entende Cuba.

Mas ela queria entender. Melhor: queria explicar.

Tudo é uma questão de prioridades. A educação e a saúde sempre foram prioridades da Revolução. Mesmo durante o Período Especial esses setores não sofreram restrições orçamentárias. A taxa de analfabetismo da população adulta beira a zero e todos têm acesso ao ensino público, da pré-escola à universidade.

Enquanto os Estados Unidos gastam 9 mil dólares per capita por ano em saúde, sendo um terço desse valor dinheiro público federal (a indústria da saúde representa 16 por cento do PIB), em Cuba esse custo é de menos de 200 dólares. E segundo a Organização Mundial de Saúde — depois eu conferi, a *Doutora* estava certa —, os índices de saúde da população, como expectativa de vida e taxa de mortalidade infantil, são os mesmos nos dois países.

Os programas de assistência médica a outras nações começaram com o envio de 56 profissionais à Argélia e hoje atingem 58 países em todos os continentes. Mais de 13.500 crianças e 2.500 adultos vítimas da radiação nuclear na Ucrânia foram tratados em Cuba.

A Missión Milagros, nome popular do programa de assistência médica oferecido por Cuba à Venezuela, vem curando em troca de petróleo. Centenas de milhares de venezuelanos com problemas de visão já foram operados em Havana. O sucesso estendeu o projeto a outras nações e hoje os médicos cubanos trabalham diretamente nesses países.

Os serviços médicos, junto com o turismo e a mineração de níquel, são as três maiores indústrias da ilha.

Tudo na ponta da língua!

Pena que não pude visitar o hospital. Por algum motivo que não consegui entender, não passei da recepção. Será que temiam que eu contaminasse algum paciente? Com perguntas?

Mais tarde, já no Brasil, li no blog da cubana Yoani Sánchez — li no Brasil porque ele está bloqueado em Cuba — que o jornalista Guillermo Fariñas, preso por denunciar desvios nos hospitais de Havana, estava em greve de fome.

45

Vedado

O SENHOR RAIMUNDO pediu desculpas pela rabugice da cunhada tão logo entramos no apartamento. Enviesada no sofá, assistia tevê. Quando ele pediu para que saísse, ela se levantou resmungando alguns palavrões. Eu, que manjava as gírias cubanas, fiquei constrangido.

Ela está com problemas familiares. O marido se envolveu com uma turma da pesada, a polícia anda de olho nele; a coitada não tem paz. Havia decidido se divorciar e espera a hora mais adequada para comunicar aos parentes, em especial ao Carlito. Enquanto isso, ela não sai aqui de casa.

Moram todos no mesmo apartamento, aqui no Vedado. É pequeno e sem privacidade, a confusão será grande. Não sei no Brasil, mas em Havana qualquer discussão envolve toda a parentada mais a vizinhança. Às vezes, até o CDR [Comitê de Defesa da Revolução] dá palpites sobre as brigas de casais. Isso explica termos um dos mais altos índices de divórcio do mundo.

Rafaela terá que se virar, e logo. O filho está para fazer um ano, a licença-maternidade vai acabar; melhor que resolva seus problemas antes de voltar ao trabalho. Chefe nenhum gosta de funcionário que não se concentra no trabalho. Eu, pelo menos, não gosto. Ela tem um bom emprego, que não desperdice.

Em Havana é assim: você mal entra na casa do sujeito e já participa dos assuntos da família, inclusive os mais pessoais. Havíamos nos conhecido na fila da Coppelia. Conversamos quase uma hora, o suficiente para formar uma grande amizade. Eu pretendia tomar o sorvete na praça, embaixo de uma árvore, para fugir do calor. Ele levaria o dele para comer em casa. Conversa vai, conversa vem, me convidou para juntarmos os sorvetes e irmos para o apartamento, ali perto, no Focsa.

O nome do edifício acendeu a luz da minha curiosidade.

Trata-se do prédio mais alto da cidade; 39 andares. Ao ser concluído, em 1956, era a segunda maior estrutura de concreto deste tipo no mundo. Os 373 apartamentos foram restaurados e mobiliados recentemente, um luxo. Na cobertura está o La Torre, um dos mais celebrados restaurantes de Havana. E mais caro!

O senhor Raimundo morava ali, devia ser um privilegiado, podia me contar muitas coisas. E não demorou. Os operários sob o comando dele trabalham 12 horas por dia, seis dias por semana. Ganham entre 200 e 300 pesos por mês, em moeda nacional, o salário médio em Cuba.

É pouco, *compañero*, mas nem tanto.

Além de não pagar aluguel, ter educação e saúde de graça, todo cubano recebe uma *libreta,* que dá direito a comprar uma cesta básica subsidiada mensal. O país importa 80 por cento dos alimentos e a subvenção da caderneta de abastecimento custa ao Estado mais de 800 milhões de dólares por ano.

Além dos alimentos e bens de consumo, temos uma série de produtos e serviços subsidiados: telefone, água, luz, transporte público, cinema, teatro, shows, livros, revistas, jornais e tudo o mais que for vendido em moeda nacional.

Questionei os subsídios. Seu Raimundo explicou que havia uma discussão no país em como suspender os subsídios sem afetar a parcela menos favorecida da população.

Meu amigo grã-fino sabia do que falava, e queria mais: queria mostrar as provas. Pegou uma edição do *Granma* para eu ler o editorial escrito por Lázaro Barredo. O cara é diretor do jornal, deputado e membro do Comitê Central do Partido Comunista. Valia a pena. Mais oficial, impossível. Gosto disso. Não da informação oficial, mas saber de onde ela vem. A fonte faz parte da notícia. Em qualquer lugar.

Ele escreveu contra os *"vicios del paternalismo"*, e defendia o fim do racionamento subsidiado. "A *libreta* de abastecimentos foi uma necessidade num determinado momento, mas atualmente se converteu num impedimento dentro do conjunto de decisões que a nação terá que assumir." E concluiu: *"La justicia social no es el igualitarismo, es la igualdad de derechos y oportunidades."*

Seu Raimundo voltou à carga:

Existem no país 25 mil *Comedores Obreros*, onde almoçam 3,5 milhões de operários. Custam ao Estado 350 milhões de dólares anuais. Bem, com relação a eles estamos testando uma experiência: em quatro ministérios, inclusive o meu, fechamos os restaurantes e cada empregado passou a ganhar um abono salarial. A ideia é estender a medida a todos os centros de trabalho.

Passei uma tarde agradável em companhia de Raimundo e sua família. Tomamos sorvete e mais tarde um café, preparado pela esposa. Ela estava às voltas com a festa de 15 anos da filha, um grande evento em Cuba, e pouco conversamos. A costureira havia levado o vestido para a menina experimentar e pude vê-la a rigor, como se fosse uma noiva. Seria uma grande *quinciñera*, era uma família de posses.

Voltei a encontrar o amigo manda-chuva na Copellia, na semana seguinte. Mas as férias dele acabaram e perdemos o contato. Pena. Não fiquei sabendo se a cunhada conseguiu se divorciar. Era jovem, talvez menos de 20 anos. Quem sabe nem quisesse. Seria pressão da família? Raimundito não me pareceu um sujeito capaz de tolerar um concunhado fora do padrão.

Acabar com os subsídios é o maior desafio de Cuba, tão importante quanto a suspensão do embargo econômico. Fui em busca de mais informações, queria ouvir alguém que não fosse um alto funcionário do governo.

Segundo alguns economistas independentes, como Óscar Espinosa Chepe, "*antes hay que hacer algunos deberes, como eliminar la doble moneda y lograr que el salario recobre valor real... Para generar riqueza no basta ahorrar, hay que producir; y es bueno recordar que en Cuba entre el 60% y el 70% de los alimentos lo producen los campesinos privados, que disponen del 20% de las tierras*".

Para um jornalista profissional, uma caminhada pelas ruas comerciais de Havana diz mais do que qualquer discurso, tanto contra ou a favor. Embora seja uma ameaça a todas as teses, gosto da realidade. A Variedades Galiano, antiga Woolworth's, tem os preços estampados em todos os produtos. A vista e a prazo. Mais detalhados do que na maioria dos shoppings brasileiros.

Caso alguém deseje comprar além da cota estabelecida na *libreta* ou mesmo outros produtos, as lojas vendem, mas a preços de mercado, que se equivalem aos brasileiros. Isso faz de Cuba um dos países mais caros da América Latina, embora seja um dos menos industrializados.

Nas lojas de departamentos, onde os produtos são subsidiados, dois meses de salário compram uma máquina de lavar roupa, três meses compram uma geladeira com freezer na parte superior. Um salário mínimo compra quinhentas passagens de ônibus urbano em Havana.

Nas lojas que vendem produtos considerados não essenciais e, portanto, não subsidiados, o salário de um mês daria para comprar um único Cohiba, uma garrafa de rum Havana Club Añejo 7 Años ou dez latinhas de cerveja Bucanero, a melhor do país.

Caso o governo acabe com a redistribuição da renda gerada pelo lucro das empresas estatais, os ditos subsídios, os trabalhadores cubanos vão ter que se organizar em sindicatos e fazer greves para reivindicar aumento salarial.

Talvez encontrem algum jovem idealista que os lidere numa revolução por justiça social. Muita gente vai estar em apuros, inclusive *compañero* Raimundito.

46

Universidad de La Habana

"Toda grande cidade merece uma grande universidade e a Universidad de La Habana é justamente isso." É verdade. Estava escrito no guia *Lonely Planet* sobre Cuba, não fazia sentido duvidar. Mesmo assim eu queria ver, testar as faculdades.

São 30 mil alunos, 2 mil estrangeiros. Emprega 1.700 professores e, em algumas áreas do conhecimento, os cursos são de comprovada excelência. Ah, quase esquecia: o campus central serve também para grandes manifestações políticas, como as realizadas quando os Estados Unidos invadiram o Iraque.

Merecia uma visita.

Peguei uma *máquina* em frente ao hotel Telégrafo, na esquina do Prado com a Neptuno, e me fui para o Vedado. O táxi coletivo estava mais do que lotado, mas pelo equivalente a 1 real economizei uma caminhada de quase hora.

Desembarquei em frente ao monumento a Julio Antonio Mella, o estudante que fundou o primeiro partido comunista cubano. Quatro anos depois, o rapaz foi assassinado no México a mando de Gerardo Machado.

A universidade foi criada pelos monges dominicanos e secularizada em 1842. Os prédios atuais, em estilo neoclássico, foram construídos antes da metade do século XX. A monumental escadaria dá acesso a uma grande praça interna, em torno da qual está o complexo de edifícios onde funcionam os cursos de Ciências Sociais, Ciências Humanas, Ciências Naturais, Matemática e Economia. Diversos museus, bibliotecas, anfiteatro e campos de futebol estão à disposição dos alunos.

Tudo isso haviam me dito, mas nada pude ver. Mês de agosto, estavam em férias. E os porteiros, por mais que insistisse, não me deixaram entrar. Que gente chata.

Não, não desisti. Havia tirado o dia para conhecer o ensino superior de Cuba, iria até as últimas consequências. Que, nesse caso, ficavam no outro lado da cidade. Se não podia visitar o campus central, peguei um *coco-taxi* e fui para Cubanacán, o bairro onde estão os cursos científicos, como o Centro de Ingenería Genética y Biotecnología, o Centro Internacional de Restauración Neurológica e o Centro Nacional de Investigaciones Científicas.

Esse último me interessava em especial, foi nele que cientistas cubanos obtiveram, a partir da cana-de-açúcar, o PPG (Ateromixol ou policosanol), considerado um redutor eficaz dos níveis de colesterol no sangue. Medicamentos genéricos e biotecnológicos ocupam o segundo lugar no ranking de exportações do país, deixando para trás produtos tradicionais como açúcar, tabaco e pesca.

Tudo fechado.

Bem, nem era tão importante mesmo.

47

Paladar La Guarida

ELES PODEM servir apenas 12 clientes por vez. Sem carne de gado, lagosta ou camarão; monopólios dos restaurantes estatais. Mas como tudo em Cuba, os proprietários conseguem resolver também esses problemas. Afinal, mesmo num país comunista, quando uma lei autoriza a abertura de empresas privadas é preciso aceitar as regras básicas do capitalismo. E eles seguem todas. Sempre, claro, levando em conta a satisfação do cliente — e o lucro do empresário.

Há diversos *paladares* na cidade, alguns de excelente qualidade, onde se pode saborear a culinária local sem o risco de passar o dia seguinte no banheiro. Funcionam nas casas dos seus donos, outra vantagem. Nos melhores, as mesas estão no pátio, em meio a um jardim.

Os preços são em pesos convertíveis e alguns têm mais de um cardápio. O mesmo prato custa valores diferentes, depende da expectativa que o garçom tem da nossa capacidade de pagar. Nesse ambiente capitalista, vale a habilidade do cliente em falar espanhol. Quando eles me apresentavam o menu em inglês eu reclamava ao *compañero* e ele trazia a outra lista.

Certos *paladares* são famosos, como o La Cocina de Lilliam, em Miramar, onde Jimmy Carter provou um prato de *ropa vieja*. Foi o melhor guisado de carne de gado com tomates e cebola que o ex-presidente comeu. Isso, se ele foi sincero. O bairro fica longe, fui lá só uma vez.

Fiquei cliente de outro *paladar*, em Centro Havana, também famoso. O La Guarida está localizado na cobertura de um prédio residencial dilapidado que serviu de locação para as filmagens de *Morango e chocolate*, coprodução cubana-mexicana-espanhola dirigida por Tomás Gutiérrez Alea e Juan Carlos Tabío, baseado no conto *El lobo, el bosque y el hombre*, de Senel Paz.

A história se passa em Havana. David, estudante universitário comunista, conhece Diego, artista homossexual descontente com a forma como o regime trata a comunidade gay e com a censura cultural. David tenta evitar qualquer convivência com Diego, mas as circunstâncias estabelecem uma sólida amizade entre os dois, que nem os diferentes conceitos de vida conseguem perturbar.

Morango e chocolate foi indicado para o Oscar de melhor filme de língua estrangeira. No Festival de Berlim foi indicado para o Urso de Ouro (melhor filme) e ganhou o Urso de Prata (prêmio especial do júri) e Teddy (melhor realização). No Festival de Gramado ganhou os Kikitos de Ouro de melhor filme, melhor ator e melhor atriz coadjuvante. Ganhou também o prêmio do público de Melhor Filme.

Uma vez por semana eu percorria os corredores do prédio durante a tarde, ia fazer a reserva e escolher o cardápio para a noite seguinte. Conversava aqui e ali com um e outro morador, sempre bem recebido. Acostumados a ver as celebridades que passam por Havana desfilarem pelas escadarias do cortiço, eles me tratavam como se fosse alguém importante.

Eu preferia uma mesa de frente para a rua, o que nem sempre era possível. Quando conseguia, me deliciava com a *Nueva Cocina* cubana, em especial a galinha ao molho de mel e limão, meu prato mais que preferido.

Foi onde melhor comi em Havana. Pena que eles incluíam no preço da refeição todos os prêmios que o filme ganhou.

48

Casa de las Américas

SEMPRE ELA: Haydee Santamaría Cuadrado. A Revolução mal havia se instalado quando ela decidiu fundar uma instituição para desenvolver as relações culturais com os povos do mundo, em especial da América Latina e Caribe. Por iniciativa da veterana guerrilheira, o governo criou a Casa de las Américas, hoje uma das mais tradicionais organizações culturais do continente.

Concebida como um espaço de encontro e diálogo de diferentes perspectivas num clima de ideias renovadoras, a instituição promove, investiga, patrocina, premia e publica obras de escritores, artistas plásticos, músicos, dramaturgos e estudiosos da literatura, das artes e das ciências sociais.

Quando todos os países da América Latina, com exceção do México, romperam relações diplomáticas com Havana, obedecendo aos Estados Unidos, a Casa de las Américas contribuiu para que os laços culturais entre a ilha e o resto do continente não fossem rompidos na íntegra. Presidida até 1980 por Haydee, quando ela faleceu, a Casa divulgou a Revolução e promoveu a visita a Cuba de importantes intelectuais que apoiavam a nova realidade do país.

O prêmio literário Casa de las Américas, concedido às obras escritas em espanhol, português, inglês e *creole* confere grande prestígio aos ganhadores. Ela promove diversos outros prêmios nas áreas de crítica musical, composições para coral, sinfônica e de câmara, fotografia, gravura e teatro.

A revista *Casa de las Américas*, uma das mais antigas publicações culturais do continente, divulga textos de vanguarda de intelectuais de todo o mundo, dando especial atenção às criações da América Latina e do Caribe. A Casa publica ainda as revistas *Conjunto*, *Criterios*, *Anales del Caribe*, *Boletínmúsica*, *Arteamérica* e *La Ventana*. A editora já lançou quase mil títulos, em todas as áreas do conhecimento artístico.

Guiado por uma paciente senhora, me demorei uma tarde visitando as dependências da Casa: a biblioteca José Echevarría; a Librería Rayuela; o auditório central e as galerias Latinoamericana, dedicada a exposições transitórias; Haydee Santamaría, dedicada às obras da coleção de arte de Nuestra América Haydee Santamaría e, por fim, a galeria Mariano, dedicada às mostras transitórias de artesanato e arte popular latino-americana e do Caribe.

À medida que entrávamos nas salas, meu cicerone ligava as luzes, mantidas apagadas para economizar energia. O expediente estava concentrado num turno único por igual motivo. Ela se queixou do embargo econômico norte-americano, que há tantos anos vem prejudicando Cuba. Iluminadas as galerias, passávamos ao acervo. Como a maioria dos artistas premiados doa as obras para a Casa, ela mantém uma das melhores coleções de arte contemporânea do continente.

No final da visita conversei com a licenciada Marlisse Merlo Ruiz, especialista em protocolo, que me recebeu em seu gabinete. Doei um exemplar do meu livro *Cartas do Everest* para a biblioteca e Marlisse, que adora esportes radicais, disse que também o leria, embora tivesse dificuldades com o português.

Foi o único momento em Havana em que me identifiquei como escritor.

49

Teatro Fausto

*D*OS *DIVAS y... un Sueño.*
Tres temperamentos se unen a escena acompañadas por dos histriónicas mujeres reinas del espectáculo. La Dueña de la Palabra, La mas Temperamental de las Mujeres y un joven valor convertida en Mujer les haran vibrar de grandes emociones. Margot, Imperio y Shagira conforman este maravilloso y espectacular recorrido de la mano de quienes son dos divas Cirita Santana y Edith Massola. Adornada por una majestuosa Compañia "Latin Dance Ballet".

Um teatro de revista, como se fazia no Brasil nos velhos tempos.

O Teatro Fausto, com seus 1.500 lugares, é o coração dos musicais humorísticos de Havana. As sessões nos fins de semana, tanto sexta-feira e sábado à noite como domingo de tarde, estão sempre lotadas, é preciso comprar ingresso com antecedência.

Na bilheteria, apliquei um truque que vinha dando certo: bico calado, para não descobrirem meu sotaque estrangeiro — as pessoas sempre me perguntavam se eu era espanhol —, dei uma nota de 5 pesos cubanos, o equivalente a 50 centavos de real, e fiquei esperando o ingresso. Dar o valor exato era fundamental. A funcionária me olhou, e eu bem sério, esperando; e me deu o ingresso. Bico calado também na hora de entregar a entrada ao porteiro.

O espetáculo durou três horas, dividido em dois atos. O calor era tanto que durante o intervalo as portas foram abertas e todos saímos para a rua, tomar um ar. Uns foram até o bar da esquina, beber um trago, outros ficaram fumando. Havia dois ônibus turísticos estacionados ao lado do teatro e fiquei imaginando quanto os caras devem ter pagado pelo ingresso. Quando as portas começaram a ser fechadas entramos de novo.

Um sem-número de atores se dividia e se multiplicava no palco, cada qual com roupas mais vistosas, trocadas a todo o momento. Homens vestidos de mulheres, mulheres vestidas de homens desfilavam ao ritmo de marchas, boleros, jazz e mambos. Aplausos e mais aplausos. Os havaneses adoram aplaudir, seja lá o que for. Por isso certas coisas só dão certo em Cuba. As vedetes cantavam, dançavam e contavam piadas. O público delirava de tanto rir.

Cirita Santana e Edith Massola, as duas divas do título, eram as mestras de cerimônia. O sonho era o próprio espetáculo. As anedotas, muito locais, fugiam a minha compreensão. Para não ficar com cara de mais abobado, sério quando todo mundo ria, eu ria da plateia; pessoas de todas as idades e sexos. À minha frente estavam dois rapazes que eram uns amores.

O ponto alto foi a apresentação do balé. Mais do que bailarinos, eram malabaristas; cada coreografia mais circense do que a outra. Alguns passos desafiavam a lei da gravidade. Cheguei a desconfiar que estivessem presos a cabos de aço, pois se equilibravam nos ombros dos outros como se estivessem no chão. Davam saltos e bailavam com tanta leveza que pareciam ter asas. Seria truque?

Ah, não me contive e perguntei ao senhor ao lado. Ele ficou surpreso com meu espanto. Estava acostumado ao teatro cubano, conhecia os artistas, era tudo fruto de muito ensaio. É, os caras eram bons mesmos.

No final, entre aplausos que não acabavam mais, os atores trocaram flores com os diretores, os técnicos e os empregados que trabalharam no show. Até os porteiros subiram no palco, uma verdadeira apoteose de congratulações.

Após o espetáculo fui jantar no restaurante Sala Fausto, em frente ao teatro, saborear o cardápio *criollo*. Comi um delicioso *pollo* frito com *moros y cristianos* (arroz com feijão preto) e *chicharitas* (banana frita). Na sobremesa, uma taça de *tres gracias* (sorvetes de baunilha, coco e abacaxi). Para concluir, um *café cortado*.

Dito assim, parece muita comida. Mas não. Em Havana as porções são pequenas, nada é desperdiçado. Em especial nesses restaurantes que aceitam moeda nacional. Emagreci dois quilos na temporada em que estive na cidade, mas não passei fome. Emagreci porque estava acostumado a comer além do necessário. É bom sair da mesa satisfeito, não sentir-se empanturrado.

Em Cuba se reeduca tudo, até os hábitos alimentares.

50

Habana Vieja

Oxalá não contasse. Não deveria contar, a situação me deixa embaraçado. Mas ao planejar o livro sobre Havana decidi: mostraria todos os acontecimentos que contribuíssem, de uma forma ou de outra, para o leitor formar uma ideia, mesmo que vaga, sobre o caráter da cidade.

Então lá vai, assim meio sem jeito.

Os quarteirões ao sul da Plaza Vieja são formados por antigos prédios aonde o programa de restauração do governo não chegou. Talvez nunca chegue. Vocês sabem, o embargo econômico norte-americano...

Alguns prédios, destruídos pelos últimos furacões, permanecem em ruínas. Desbotados e cobertos de musgo, mescla do calor e da umidade na ilha tropical. Corpos sem alma naquele cemitério de escombros, onde os sonhos foram substituídos pelo lixo; a utopia esfarelada.

Os que sobreviveram às tormentas e ao uso sem manutenção se transformaram em cortiços. Cortiços e mais cortiços divididos e subdivididos em infindáveis apartamentos habitados por famílias enormes, a região mais pobre da cidade. Mesmo na pacata Havana os guias de viagem recomendam aos turistas evitarem essa parte de Havana Velha.

Eu caminhava por uma dessas ruelas, no meio da manhã, quando a moça saiu da padaria no momento em que eu passava em frente ao prédio. Caminhávamos no mesmo sentido, eu e ela, lado a lado, e a jovem puxou conversa. Como sempre, a primeira abordagem foi para ver se eu falava espanhol. A nativa era bonita, uma *mamey*, e o estrangeiro falava espanhol. Belo par. Abriam-se as possibilidades.

Convidou-me para ficar com ela. O ar maroto a deixava mais atraente. Quando querem, elas sabem o que querem. A querida disse que bastava esperar que ela deixasse o pão e o leite em casa e poderíamos ir a alguma casa particular por ali. Seria a oportunidade de entrar num daqueles pardieiros, um desejo antigo. Os riscos seriam grandes, em especial na hora de me desvencilhar da mulher.

Ela notou minha indecisão. A menina era veterana na luta pela sobrevivência, não temia a vida real. Para simplificar, aconselhou entrarmos em sua casa, estávamos em frente. Era arriscado conversar na rua, àquela hora sempre havia policiais. O medo reprimia a angústia.

Entramos e ela apresentou a família. O cunhado estava atirado no sofá, assistia tevê. Um garotinho dormia. Era filho dela. A irmã logo veio se juntar a nós. Ficamos de conversa ao lado do berço. Perguntei pelo pai da criança e minha nova amiga disse que estava preso, ela precisava sustentar o menino sozinha. Não falou mais nada, nem eu quis perguntar. Almas escalavradas nunca cicatrizam, melhor não mexer.

A garota começou o jogo: se quiséssemos podíamos ficar por ali, a irmã nos alugaria a casa. Toda a família sairia, ficaríamos à vontade. A *jinetera* estava no comando e em sua vida não havia espaço para sutilezas. Quem sofre com a miséria sabe que não deve perder as oportunidades, em especial as que lhe batem à porta. Estava bem claro.

Também para mim. Fiquei indócil. Nunca me vi num espelho assim encurralado, mas devo inflar como um sapo em perigo. Ela notou. Mas era hábil. Prontificou-se a mostrar a moradia. Bem, isso sim. Vendo meu ar decidido, pegou-me pela mão e me levou para os fundos.

Após a sala havia uma cozinha. Pequena, mas equipada com todos os eletrodomésticos de uma boa casa. No pátio, cheio de quinquilharias, havia um banheiro que imaginei fosse usado por mais de uma habitação. Roupas secavam num varal, mas nada de sol. Apenas ar úmido. Cheiro de mofo. Paredes acima diversas janelas afloravam. Na planta original o espaço deveria ser um poço de luz.

Voltamos à cozinha. Subimos por uma escadinha íngreme, que mal suportava nossos pesos, e saímos num jirau de madeira. Mergulhei na penumbra. Havia uma cama de casal em que, ela me disse, dormiam os pais do cunhado. Poderíamos usá-la. O mezanino era pequeno, demais de pequeno, mas contei imagens de quatro santos; todos grandes. Reconheci: Obatalá, Xangô, Oxum, Iemanjá. Muito incenso. Uma vela ardia aos pés dos orixás.

Entrava uma réstia de luz por um buraco nos tijolos, num dos cantos. Havia infiltração de água, a pintura descascara. As roupas estavam penduradas num fio estendido de parede a parede. Ao caminhar o assoalho rangia. Um descuido e poderia cair no buraco da escada. Estava visto.

Regressamos à sala, onde nos reunimos. A irmã tomou a iniciativa. Por 20 pesos convertíveis liberavam a casa para nós. A moça queria 20 para ela, precisava comprar leite para o bebê. Total: 40. O salário de dois meses da doutora Carmem, esposa de Pedrito, meu senhorio. O cunhado baixou o volume da tevê para não atrapalhar a negociação. O momento era solene. Nunca me senti tão desejado. Eu precisava dizer algo.

Por quanto tempo? Pelo tempo que eu quisesse. O resto da manhã, se fosse o caso. Que não me preocupasse, teria o tempo necessário. Rimos. Eles de felicidade, na expectativa de faturar em divisas, eu de nervoso, pensando em como cair fora sem arranhar o lombo. Afeto era o que menos contava. De parte a parte. Falávamos de compra e venda.

Precisava fazer algo, esperavam por mim. A moça veio para o meu lado, forçava minha decisão com algumas carícias. Bem, eu tinha um problema, teria que resolver. E não seria me defendendo. Já que estava no inferno, não custava dar um tapa no diabo. Não é isso que dizem? Buscava uma experiência, então que fosse o mais fundo possível.

Parti para o ataque.

Disse que aceitava os valores, mas com uma condição: eu queria ficar com a irmã dela, a casada, não com ela. Falei isso olhando para o marido, a reação deveria vir dele. A porta estava aberta e com alguns passos, enquanto falava, fiquei ao lado dela, de frente para todos. Imaginava uma retirada estratégica.

Silêncio. No prédio vizinho uma criança chorou, mas pareceu dentro da sala. Alguém precisava fazer algo, dizer alguma coisa, e esse alguém não era eu. Movera a pedra certa, era xeque-mate.

O marido levantou da poltrona, desligou a tevê e veio em minha direção. Cerrei os punhos e fiquei olhando nos olhos dele. O cara parou na minha frente, pediu licença, me afastei da porta e ele saiu para a rua. Minha amiga pegou o filho no berço e foi para os fundos da casa. A irmã sentou no sofá e pediu para sentar-me ao seu lado. Não era bonita. Estava suada dos afazeres domésticos. Mas estava ali, a minha espera.

E agora, José?
Como dizer: olha, desculpe, mas não desejo sexo. Queria tão somente conhecer a casa e, já que a situação evoluiu nesse sentido, ver até que ponto um ser humano desce na luta pela sobrevivência imediata. Onde está o fundo do poço? Só queria saber do que a alma humana é capaz. Até onde vai a sordidez. Tanto a de vocês quanto a minha.
Como dizer essas coisas? Como dizer que sou um repórter em busca de informações e que para isso coloco as pessoas em situações de tamanha humilhação? Como dizer que a pauta justifica os meios?
Impossível dizer.
Restava continuar o jogo, manter o cinismo.
Podemos transferir para a tarde? Foi o que me ocorreu. Mas não, não podíamos. À tarde os sogros dela estariam em casa, não teríamos onde nos acomodar. Então que tal amanhã de manhã? Amanhã de manhã? Sim. Mas por que amanhã de manhã? Sim, por que amanhã de manhã? Bem, bem, e fui remexendo nos bolsos. Bem, é que não saí preparado, só tenho a metade do dinheiro.
Ela se atirou no sofá. Não sei se de alívio ou decepção. Olha, aqui está a metade do dinheiro. É tudo que tenho. Você fica com ele. Compre leite para o bebê e um litro de rum para o seu marido.
Mergulhei nas ruas, em zigue-zague por entre os cortiços de Havana Velha. Cheguei em casa louco por um trago. Pedrito estava dormindo, Carmencita fazia plantão no hospital; todas as portas estavam fechadas. Entrei no quarto, acendi meu Cohiba, tomei um gole de rum e aspergi um pouco sobre a cabeça. Estalei os dedos e um arrepio me percorreu o corpo.

Atirei-me na cama, enfiei a cabeça embaixo do travesseiro e a imagem do garotinho no berço começou a sorrir para mim. Cerrei os olhos e ele abriu os bracinhos. A mulher estirada no sofá, nua, me chamava com o dedo indicador. O marido se afogava no Caribe.

Oxalá, meu pai, afaste de mim essas almas penadas.

51

Livraria La Internacional

QUANTAS LIVRARIAS eu havia percorrido? Nem lembrava mais, a cidade está cheia delas, e todas de boa qualidade. Exceto por algumas falhas no acervo, exatamente as obras do escritor que eu procurava. Elas se localizam nos pontos comerciais mais nobres de Havana, o que aumentava minha admiração. Por outro lado, não encontrar os livros do meu autor preferido me intrigava. No começo me limitei a vasculhar as sessões de literatura cubana, mas nada.

Na Grijalbo Mondadovi, no Palácio del Segundo Cabo, tomei coragem e perguntei ao atendente se tinha livros de Pedro Juan Gutiérrez. A loja estava repleta de revistas, guias de viagens, livros sobre política e literatura internacional, muitos em inglês. Mas o rapaz nunca ouvira falar de tal autor. Foi o que disse, que nunca ouvira falar de Pedro Juan. Assim, meio íntimo.

Na Moderna Poesia, um grande prédio no começo do bulevar Obispo, o livreiro me transferiu para a compradora, talvez pudesse informar. A moça, muito solícita, disse que nada sabia sobre este escritor. Talvez na livraria La Internacional, no outro lado da rua...

A movimentada La Internacional era grande e cheia de livros. As vitrines estavam repletas de guias de viagens, livros de fotos, literatura internacional e literatura cubana, em inglês e espanhol. Logo na entrada a atendente veio perguntar se poderia me ajudar. Sim, poderia: eu queria um livro de Pedro Juan Gutiérrez. Ela pensou um pouco, pensou mais um pouco, e me encaminhou para uma livreira, a responsável pela loja.

Livros de Pedro Juan Gutiérrez? Não, não tinham. E mais: eu não iria encontrar livros dele nas livrarias de Havana. Poderia encontrar em alguma casa, por aí. Esse "por aí" foi seguido de um gesto que abrangia toda a cidade. Exceto as livrarias. Perguntei por quê. Ah, parecia que ele havia escrito algumas coisas fortes. Fortes, concordei, mas literatura de ótima qualidade.

Podia ser, mas o livro era desabonador para Havana.

Era mesmo, sem dúvida. Desabonador para Havana, para o Rio de Janeiro, para a Cidade do México, para Nova York, para Londres... Pedro Juan escrevera sobre a miséria humana, um mergulho na sujeira para descobrir até onde as pessoas vão na luta para cumprir a lei número um da Natureza: sobreviver. Mais do que para Havana, o livro é desabonador para a humanidade. Literatura de alto nível.

Ela tinha outros autores cubanos, também bons, também literatura de alto nível, eu poderia escolher. Sim, eu sabia disso, a literatura cubana é tradicionalmente de ótima qualidade. Mas eu havia lido um livro de Pedro Juan Gutiérrez no Brasil, *Trilogia suja de Havana*, e queria a edição original. Por que estava tão interessado nele? Bem, só queria comparar a tradução, especialmente como foram vertidos para o português alguns regionalismos cubanos.

Só isso, nada mais. Só isso.

52

Cabaret Nacional

ESTRANGEIROS PAGAM 5 pesos convertíveis, cubanos pagam 5 pesos nacionais. Assim fica bom, todo mundo na maior mistura. O ruim foi o porteiro não acreditar que eu fosse cubano e me cobrar em CUC. Paciência.

O Cabaret Nacional, no subsolo do Gran Teatro de La Habana, faz algumas exigências para os havaneses: entram apenas casais, as mulheres não podem usar short nem os homens camiseta. Para os gringos pede-se apenas que tragam a carteira recheada. Não era o meu caso, mas isso eles não precisavam saber.

O show foi especial, uma apresentação de trovadores. Eu havia tentado contato com a Nueva Trova na Casa de la Trova, mas não conseguira.

Antigamente os trovadores percorriam Cuba com seus violões cantando baladas tradicionais. Entre eles Joseíto Fernández, autor de *Guantanamera*. Com a vitória da Revolução, os trovadores começaram a homenagear os novos heróis e Carlos Puebla compôs *Hasta siempre Comandante*, dedicada a Che Guevara.

No final dos anos 1960, nos calcanhares de *Sgt. Pepper's Lonely Hearts Club Band*, dos Beatles, e *Highway 61 revisited*, de Bob Dylan, Fidel Castro abriu a primeira Casa de la Trova, em Santiago de Cuba. Baseada na máxima "se você sabe cantar ou tocar algum instrumento, mostre-nos", o sucesso foi imediato. Em meses todas as cidades cubanas tinham uma Casa de la Trova, onde o mais tradicional gênero musical do país era preservado e transmitido às novas gerações.

Apesar do surgimento de novos gêneros musicais, como o *reggaeton*, o hip-hop havanês, a Nova Trova continua sendo a música mais popular em Cuba.

Estilisticamente falando, ela segue a *chanson* francesa, introduzida na ilha através do Haiti no século XIX. Remodelada, redesenhada e revolucionada, ficou mais rica. Politicamente, ela inspirou, entre outras, a Nova Canção chilena e argentina, a música que embalou os movimentos latino-americanos de protesto contra as ditaduras que infestavam o continente. Até alguns brasileirinhos, hoje aburguesados, andaram por Havana em busca de inspiração para suas músicas originais.

O grande músico cubano Silvio Rodrigues compôs *Canción urgente para Nicarágua*, em apoio aos sandinistas, *La Maza*, em apoio a Salvador Allende, no Chile, e *Canción para mi soldado*, em homenagem aos cubanos que então lutavam em Angola. Pablo Milanés foi outro importante divulgador da Nova Trova pelo mundo.

Após as duas horas de show, que incluía danças e outros gêneros musicais, os frequentadores do Cabaret Nacional estavam liberados para bailar. Havia ao meu lado três casais de turistas e as mulheres foram convidadas para dançar pelos simpáticos rapazes cubanos, ansiosos para mostrar suas habilidades. Eles adoram se exibir, em especial com as estrangeiras. Dois maridos levaram na esportiva, as esposas foram se divertir e eles ficaram tomando cerveja.

Um dos casais não gostou e se retirou. Marido e mulher estavam indignados. Imagina. Saíram mandando os cubanos trovarem noutra freguesia.

É, é difícil se expor às tradições locais. Melhor não se misturar.

53

Necrópolis Cristóbal Colón

Não, não; não fui pra ficar. A ida ao cemitério foi uma visita. Rápida. E nem foi a passeio, embora merecesse, é uma atração turística de Havana. Das mais sagradas.

A minicidade de granito e mármore possui tantas e tantas ruas e tantas e tantas avenidas que é preciso pagar ingresso e comprar um mapa, na entrada, para encontrar as tumbas mais importantes, entre elas as de Máximo Gómez e Eduardo Chibás. O general morreu na luta pela independência de Cuba, o presidente do Partido Ortodoxo suicidou-se durante uma entrevista a uma rádio. Protestava contra a ditadura de Batista. Mais um.

Durante o enterro de Chibás, um jovem ativista subiu na sepultura e pronunciou um forte discurso contra os desmandos administrativos do governo, a corrupção política e a falta de liberdade no país. Foi a primeira manifestação pública de Fidel Alejandro Castro Ruz. A primeira de uma série interminável, pois o barbudo pegou gosto.

Tanto que exatos dez anos depois o Comandante fez outro discurso, no mesmo cemitério, no funeral dos mortos num ataque contrarrevolucionário ocorrido na base aérea de Havana no dia anterior. Uma placa sinaliza o local onde

Fidel proclamou, pela vez primeira, o caráter socialista da Revolução Cubana.

Mas não foi por todas essas que acabei no cemitério. Fui a trabalho, levado pela velha Carmita, minha vizinha macumbeira, e pela *Señora* Amelia Goyri e seu bebê. São quase um milhão de corpos enterrados na necrópole, todos atraem gente, mas esses dois atraem milhares. Olha só.

La Milagrosa morreu ao dar à luz, no início do século passado. Por anos após o falecimento, o marido visitava a tumba diversas vezes ao dia. Tocava o sino e voltava para casa. Quando terminava o som, voltava e repetia a cena. Assim, imaginava manter-se em contato com a amada. É, tem disso. O amor tem disso. Quem não sabe?

Vai que alguns anos depois exumaram o corpo da *Señora* Amelia Goyri. Para surpresa de alguns, não de todos, é bom que se diga, ele permanecia intacto; sinal de santidade na fé católica. Mais: o corpo da criança, enterrada aos pés da mãe, estava em seus braços.

Desde então a imagem de uma mulher com uma grande cruz e um bebê no colo está sempre coberta de flores, das flores depositadas pelos devotos. Milhares de pessoas visitam o local todos os anos em busca de milagres. Ou em reconhecimento a uma graça alcançada. Como Carmita. E agora eu.

A cartada tinha sido a seguinte: em nossos papos na casa de Rodriguito a velha bruxa cismou que eu poderia convencer os turistas a ir ao seu apartamento, em frente ao meu quarto, para que tomassem passes, vissem a sorte nas cartas, nos búzios e fizessem sessões de descarrego. Quando necessário, eu serviria de intérprete; uma espécie de ventríloquo dos deuses.

Achei a ideia maluca. Imagine. Eu, o cético, agenciador do candomblé? Eu, o agnóstico, oráculo dos orixás? Eu, o

ético, aliciador de almas? Eu, o descrente, sair em busca de crentes? Eu, o herege, vender benzeduras? Pouca vergonha! Explorar as pobres almas. Vigarice pura. Imaginem!
　Não é que deu certo?
　O sucesso se deveu à curiosidade dos estrangeiros, ávidos por experiências exóticas com uma velha excêntrica na ilha erótica. Nos altos de um edifício dilapidado, no bairro histórico, em meio a um varal de roupas ao sol. Eu pensava assim.
　Carmita tinha outra explicação para o enriquecimento rápido: *La Milagrosa*. Sim, aquilo era um milagre. Ela nunca vira tanto dinheiro, ganhava numa tarde o que a filha, que trabalhava num ministério importante, ganhava no mês.
　Agora estávamos ali, no cemitério Colón, onde os mortos ajudam os vivos a sobreviverem. Fomos agradecer à santinha e seu anjinho pela ingenuidade dos turistas. Ou por seu poder milagroso. Dá no mesmo. Fazia calor, havia uma multidão, como sempre, e nós bem no meio. A *guayabera* e as bermudas empapadas de suor, o ar cheirando a vela queimada. E Carmita em transe! Valha-me Deus.
　Bem, vá lá, vá lá. Não creio em bruxas, mas também toquei o sino.
　Vá que seja verdade!

54

Jazz Club La Zorra y El Cuervo

Esqueça o Jazz Café (Galerías del Paseo), o Piano Bar Delírio Habanero (Teatro Nacional), o Habana Café (Hotel Meliá), o Café Cantante... e tantos outros, que os há, e como! São ótimos, cada qual do melhor naipe; mas se você quer o Cohiba dos jazz clubes, vá por mim: Jazz Club la Zorra y el Cuervo, no Vedado.

A banda é ótima e seu estilo livre voa pelo mundo do velho e bom jazz, música para todos os ouvidos. Após alguns daiquiris, a parceria entre músicos e ouvintes beira a perfeição. Quinta-feira é dia de blues e por aí vai a programação. Se você está em Havana durante uma semana, e não faz aquele gênero turismo-rodízio-de-pizza, saberá do que estou falando.

O grupo Lázaro Valdés & Son Jazz é formado pelo exímio pianista, um contrabaixo tocado pela mulher mais bonita que vi na cidade — além de nos brindar com seus acordes do alto de um banquinho a mulata cor de canela nos encantava com a minissaia —, bateria, timbal, congas e uma cantora. Interpretava o jazz cubano a partir da fusão de gêneros tradicionais que passam pelo *son*, dança, contradança, *danzón*, guajira e canção, entre outros.

O jazz, considerado a música do inimigo nos primeiros anos da Revolução, sempre esteve infiltrado na musicalidade da ilha. As revoluções têm disso: mudam tudo e depois descobrem que nem tudo deve ser mudado. Então, voltam atrás. Bem, algumas nem voltam atrás, o que é bem pior.

Outro exemplo: a música dos Beatles foi banida de Cuba pela Revolução por ser considerada uma manifestação cultural decadente. Mas o ativismo social de John Lennon e sua condenação aos ataques norte-americanos no Vietnã fizeram os rebeldes mudar de ideia. Fidel Castro passou a considerá-lo um revolucionário e o próprio Comandante inaugurou uma estátua de John no Parque Lennon.

O jazz cubano sofreu influência e influenciou o gênero ao redor do mundo graças à criatividade dos seus compositores. A banda Irakere, de Jesus "Chucho" Valdés, introduziu os tambores africanos e mesclou o jazz com o *son*. A fusão do jazz com o rap e a salsa criou a *timba*.

No La Zorra y el Cuervo, o maestro Lázaro Valdés, compositor e arranjador, dava seu show de improviso. Ele pertence a uma tradicional família de músicos e participou como pianista e diretor musical da Banda Gigante de Benny Moré. Isso ainda nos velhos tempos. Mas o velho estava em forma.

Passei duas horas ouvindo músicas de sua autoria e versões de importantes compositores cubanos e estrangeiros, interpretadas pelo estilo inconfundível do grupo, tudo ao ritmo de alguns daiquiris Rebelde. E da minissaia da contrabaixista, que subia ainda mais quando ela se empolgava. Lázaro Valdés a apresentou como uma deusa egípcia, e todos concordaram, menos ela, que reagiu com um sorriso encabulado. O que a deixava ainda mais parecida com uma deusa egípcia.

A madrugada estava fresca e decidi caminhar pelo Malecón antes de voltar para casa. A poucos metros do La Zorra y el Cuervo encontrei um grupo de homossexuais no mais completo alarido, alguns a rigor. Homens vestidos de mulher, mulheres vestidas de homem, drag queens brancas, negras e mulatas. Uns exibiam as vestes coloridas, outros os corpos bem torneados. Cheios de trejeitos. O Malecón transbordava *maricón*. Alguns mais discretos, outros nem tanto; certos tipos faziam questão de serem vistos por quem andava no calçadão.

Após sonhar com as pernas da contrabaixista, iria pra cama com a imagem da viadagem. Que noite! Pra orixá nenhum botar defeito.

55

Plaza Vieja

Convidei Luis para um chope na Plaza Vieja, coração arquitetônico da cidade. Criada no século XVI, está restaurada, com seus prédios retomando o formato original. Ele aceitou, passou lá em casa, e caímos na noite. Ficava ali perto, a vida noturna de Havana Velha transbordava por todos os lados. Sem tempo a perder.

Sentamos no lado de fora da Taberna de la Muralla, num dos cantos da praça. Estávamos no melhor pub de Havana, única cervejaria da cidade, de propriedade de uma empresa austríaca, e ouvíamos salsa da boa. A noite estava agradável, propícia a uma boa conversa.

Luisito trabalhava na agência de viagens que me reservou o Lido pela internet. Quando prorroguei minha estada no hotel, ele me deu um desconto, não precisava pagar a comissão pela reserva para o site do *Lonely Planet*. Fui me aquerenciando no Lido e ele sempre me dava descontos. Ficou impressionado com minha demora em Havana, chegou a dizer que me conseguiria um passaporte cubano.

Convidei compadre Luis para o chope com segundas intenções: ouvir como funciona o turismo no país. Enquanto bebíamos, degustávamos alguns quitutes e fumávamos um puro, ele me explicava. Foi um dos poucos cubanos que ficou sabendo da minha profissão de jornalista.

O turismo é administrado por cinco empresas estatais, cada uma especializada em um nicho do mercado, no velho estilo capitalista. Muitas delas, em especial as dedicadas ao turismo mais sofisticado, têm sócios estrangeiros minoritários, entre eles o grupo Sol Meliá. Em uma reunião com empresários internacionais em Havana, promovida pelo governo, Fidel Castro disse que eles deveriam investir no país, onde o único risco era Cuba se tornar capitalista.

A Islazul oferece os serviços mais baratos e das cinco é a única que aceita em seus hotéis, ônibus, bares, restaurantes e casas de espetáculos pagamentos tanto em pesos convertíveis quanto em moeda nacional, tendo estrangeiros e cubanos entre seus clientes. Embora a qualidade dos serviços varie de estabelecimento para estabelecimento, os hotéis administrados por ela, entre os quais o Lido, são limpos, os funcionários são gentis e, em especial, cubanos.

A Cubanacán está um nível acima (ou seria uma estrela a mais?) e oferece um mix de hotéis de preços médios. A Gaviota administra os resorts mais sofisticados, entre eles o hotel Playa Pesquero, com novecentos apartamentos, o maior de Cuba. A Gran Caribe gerencia hotéis médios e luxuosos, como o Sevilla, em Havana, e resorts em Varadero. E a Habaguanex atua apenas em Havana e administra os sofisticados hotéis instalados nos prédios históricos, restaurados, especialmente em Havana Velha.

O lucro dessas estatais é redistribuído à população em forma de serviços públicos (saúde, educação, habitação, segurança...) e subsídios. Além disso, uma grande fatia é direcionada para a restauração dos prédios declarados Patrimônios da Humanidade pela Unesco. O governo privilegia a reforma daqueles que podem ser transformados em hotéis, restaurantes e centros culturais, que tão logo prontos passam a gerar receitas.

Casais formados por estrangeiros e cubanos que desejem se hospedar nos hotéis turísticos, mesmo que paguem em pesos convertíveis, precisam provar, com documentos, que são casados. A medida procura evitar a prostituição, que ressurgiu no país durante o Período Especial, quando o dólar passou a ser aceito como moeda corrente, política adotada para combater a crise econômica.

Em 2004, em represália a uma represália norte-americana, que havia sido adotada em represália a uma represália cubana, que havia... o dólar deu lugar ao peso convertível, mas a prostituição avançou, estimulada pelo sistema de duas moedas. Sistema esse que criou, na prática, duas classes sociais: a dos que recebem salários em moeda nacional e a dos que, por terem parentes no exterior ou trabalharem em atividades que tenham contato com os estrangeiros, recebem pesos convertíveis.

Economicamente falando, a *doble moneda* foi um sucesso, pois aumentou a receita do país em divisas estrangeiras. Politicamente falando, enterrou a sociedade sem classes defendida pelo Partido Comunista.

A restauração da Plaza Vieja era um exemplo dessa política voltada ao turismo. De onde estávamos podíamos ver o Café Taberna, a Cámara Oscura, o Museo de Naipes, La Casona Centro de Arte, a Diago Galería de Arte, o Centro de Desarollo de los Artes Visuales, o Centro Cultural Pablo de la Torriente Brau e o Museo de la Farmacia Habanera. Em outro restaurante, na esquina oposta à nossa, se apresentava a banda de Roberto Faz, com direito a uma participação especial de Toni Jimenez, remanescente do Buena Vista Social Club.

O turismo é fundamental na economia do país, compadre, mas não suficiente. Cuba deverá encontrar outras maneiras de gerar riquezas, de preferência o quanto antes. Algumas reformas precisam ser feitas e já começamos esse debate no Partido. A sociedade cubana precisa encontrar uma forma de inserir-se no mundo dito moderno sem perder suas conquistas sociais.

Concordei com Luisito. E acrescentei: quando a orla das grandes florestas da África se transformou em savana, o homem-macaco, em vez de se agrupar em busca de alimento, saltou para a planície, um a um. E azar de quem não se adaptou. Isso vale até hoje. O caráter humano é egoísta por natureza, uma questão de sobrevivência.

O Novo Homem, como queria Che, não será fruto de uma revolução, mas da evolução. Uma nova consciência, onde o egoísmo seja substituído pela solidariedade. Mas precisa ser da maioria. Quando a minoria tenta impor valores, mesmo que nobres, acaba em ditadura. E a emenda fica pior do que o soneto. Que já era ruim.

O socialismo sabe redistribuir riqueza, mas tem dificuldades em gerá-la. O capitalismo sabe gerar riqueza, mas tem dificuldades em redistribuí-la. Precisamos encontrar um meio-termo, um regime econômico onde a riqueza de alguns não precise necessariamente ser uma consequência da injustiça social. Precisamos de democracia de verdade, política e econômica.

Haveria essa possibilidade?

Bueno, compadre, esse é o desafio da humanidade, queiram ou não estes ou aqueles. Até lá, duas coisas não devemos perder: a capacidade de nos indignarmos diante das injustiças, como defendia Che, e a esperança na construção de um mundo melhor.

Seja como for, concluí, há que ser num sistema democrático, uma conquista da maioria. Ele concordou antes que eu terminasse a frase.

Brindamos com uma cuba-libre.

Este livro foi composto na tipologia Minion Pro,
em corpo 11,5/15, impresso em papel off-white $80g/m^2$,
no Sistema Cameron da Divisão Gráfica
da Distribuidora Record.